東海の街道2

街道今昔

佐屋路をゆく

監修=石田泰弘
Yasuhiro Ishida

S A Y A J I

風媒社

街道今昔 佐屋路をゆく ● 目次

III ◉ 津島街道をゆく

I 総説

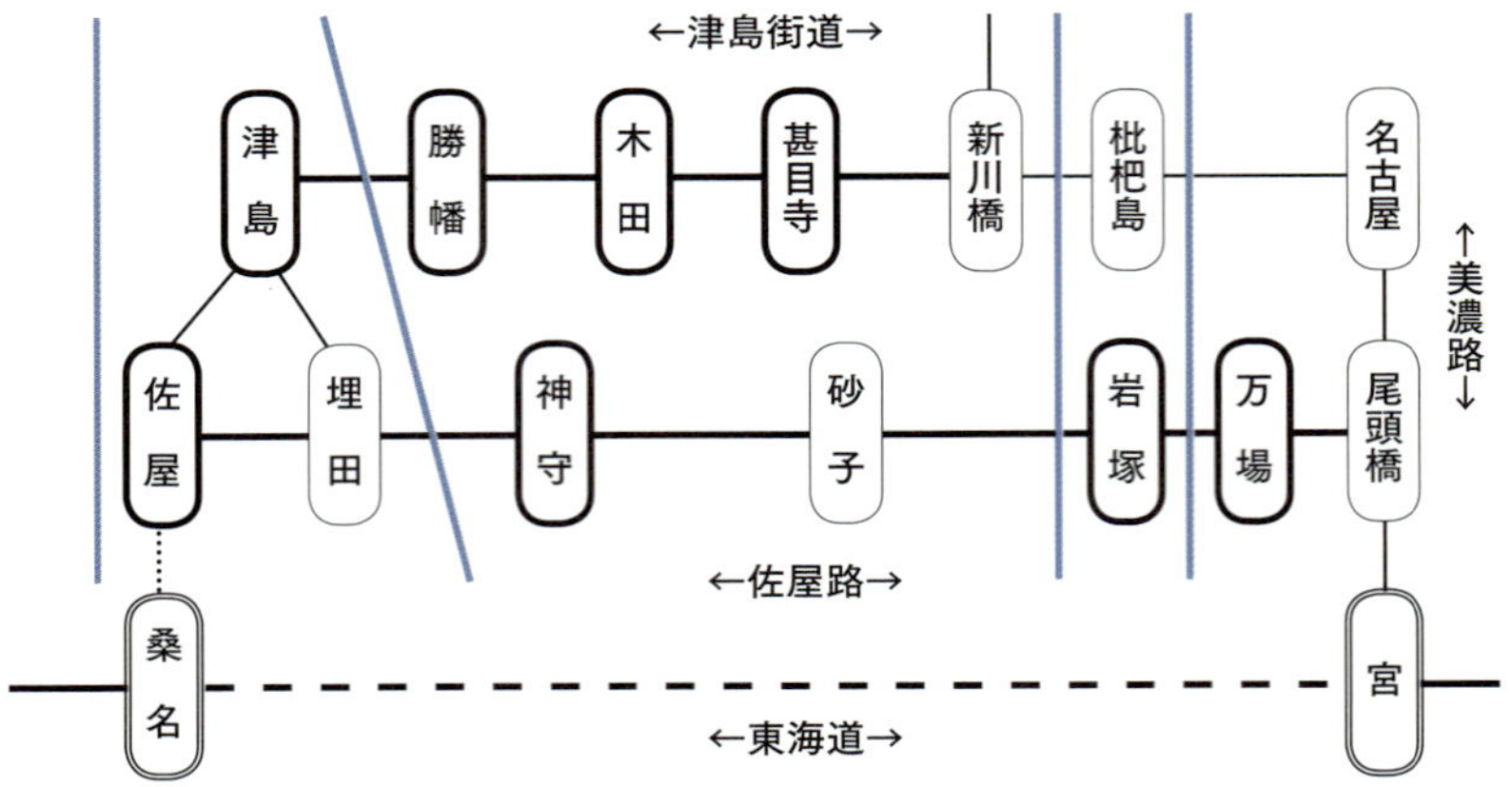

佐屋路と周辺の街道図

江戸と京・大坂を結ぶ主要な街道、東海道は宮《みや》（熱田）の宿まで陸路をとりますが、宮からは七里《しちり》の渡しで桑名へと向かいます。『東海道中膝栗毛』の主人公弥次郎兵衛と喜多八もご多分にもれずこの七里の渡しで桑名へと渡りました。

東海道としてこのルートが設定されたことから、多くの人々はこの経路を利用したということは確かにいえるでしょう。しかし、七里の渡しを通るこの行程は、海上を通過しなくてはならず、天候等の影響を受けやすいため、舟による事故の危険性を孕んでいました。東北や関東地方の旅の記録をみると、七里の渡しルートを選ぶ者は少なく、多くは「佐屋廻り」を利用していました。

「佐屋廻り」には二つのルートがあります。

一つは脇往還佐屋路を通るルート。

佐屋路は、美濃路とともに、熱田のほうろく地蔵で東海道から分かれ、熱田神宮、断夫山《だんぷさん》古墳などの名所旧跡を経て、尾頭《おとう》橋、現在でいうところの金山新橋南交差点で美濃路と分かれ、岩塚方面に向かいます。この分岐点には、1821年（文政4）の銘が刻まれた道標が今ものこっています。ここから堀川を渡り、岩塚を通過、庄内川を渡り、万場《まんば》へ入ります。その後新川を渡り、砂子、神守《かもり》を経て、日光川を渡り、埋田《うめた》で津島神社へ向かう道と分かれ、愛宕、日置、柚木を通り佐屋に入り、佐屋からは三里の渡しでもって桑名へ向かうという計9里（約36㎞）の行程です。

今一つは津島街道を通るルート。

『津島土産』津島市立図書館所蔵

津島街道は、宮から尾頭橋を通り、大須、名古屋を抜け、枇杷島で庄内川を渡り、新川橋で美濃路と分かれ、萱津《かやつ》、甚目寺《じもくじ》、木田、勝幡《しょばた》、根高《ねたか》を経て津島の街へ入り、その後佐屋川左岸の堤道を通って佐屋宿へ至り、そこから三里の渡しでもって桑名へ向かう行程です。

「佐屋廻り」というと、前者の佐屋路経由が多かったのでは、と大多数の方が思われるでしょう。しかし、東北や関東地方の伊勢や西国へ向かう道中記をみてみると、案外津島街道を利用するパターンが多いのです。理由は詳しくはわかりませんが、津島街道経由の方が、名古屋の街や、甚目寺、蓮華寺、津島神社といった見どころが多かったことがあったのではないでしょうか。とくに東北・関東地方は津島の御師や手代の廻檀活動により、津島信仰が盛んであったことも要因として考えられます。伊勢と津島、どちらか欠けば片参りなどといわれるように、またおかげ参りなどもあり、津島参詣は彼らにとって重要な旅の要素であったのでしょう。

江戸時代、代参や信仰、湯治といった名目に乗じて多くの人々が旅に出かけました。のんびりしたい、知的好奇心を満たしたい、リフレッシュしたい、理由はさまざまでしょうが、日常の世界を脱却して旅に出たいという気持ちは今も昔も変わらないようです。

現在、「観光ブーム」と言われ、テレビでも観光地特集が多く組まれています。実は江戸時代もちょっとした観光ブームがありました。いまも書店に行くと、多種多様な旅行のガイドブックが並んでいますが、江戸時代も道中記、名所図会、紀行文や『東海道中膝栗毛』に代表される膝栗毛物《ひざくりげもの》などの旅行案内書が多く出版されました。多くの読者はこれらの書籍によって旅へと誘われたのでしょう。とくに膝栗毛物は主人公の滑稽なやり取りの展開の中で、地域の名所や情報などを盛り込み、

客に津島名物あかだを売る女性
『津島土産』津島市立図書館所蔵

単に読み物としてだけでなく、ガイドブックとしての役割をも果たしていました。

つたや伊兵衛こと石橋庵増井《せっきょうあんますい》という人物が、1814年（文化11）に著した『津島土産』は、名古屋在住の主人公うんつくの太郎兵衛とたらふくの孫太が、津島街道を通って津島神社へ参拝し、佐屋路を通って帰宅するまでを描いた作品です。街道沿いの名所・旧跡を数多く盛り込みながら繰り広げられる珍道中は読者を楽しませるだけでなく、旅へのあこがれを大きくしたことでしょう。

本書は、さしあたり現代版『津島土産』ともいうべき、佐屋廻りを探訪する人たちに捧げるガイドブックです。できるだけ実際に歩く人の視点で、現地を訪れた際にわかりやすい記述を試みました。

本書を片手に多くの方々に佐屋路と津島街道を歩いてこの地域の歴史や文化を少しでも感じとっていただければこの上ない喜びです。

さあ、皆さんも実際にその眼で確かめ、現地を味わってみませんか？

II　佐屋路をゆく

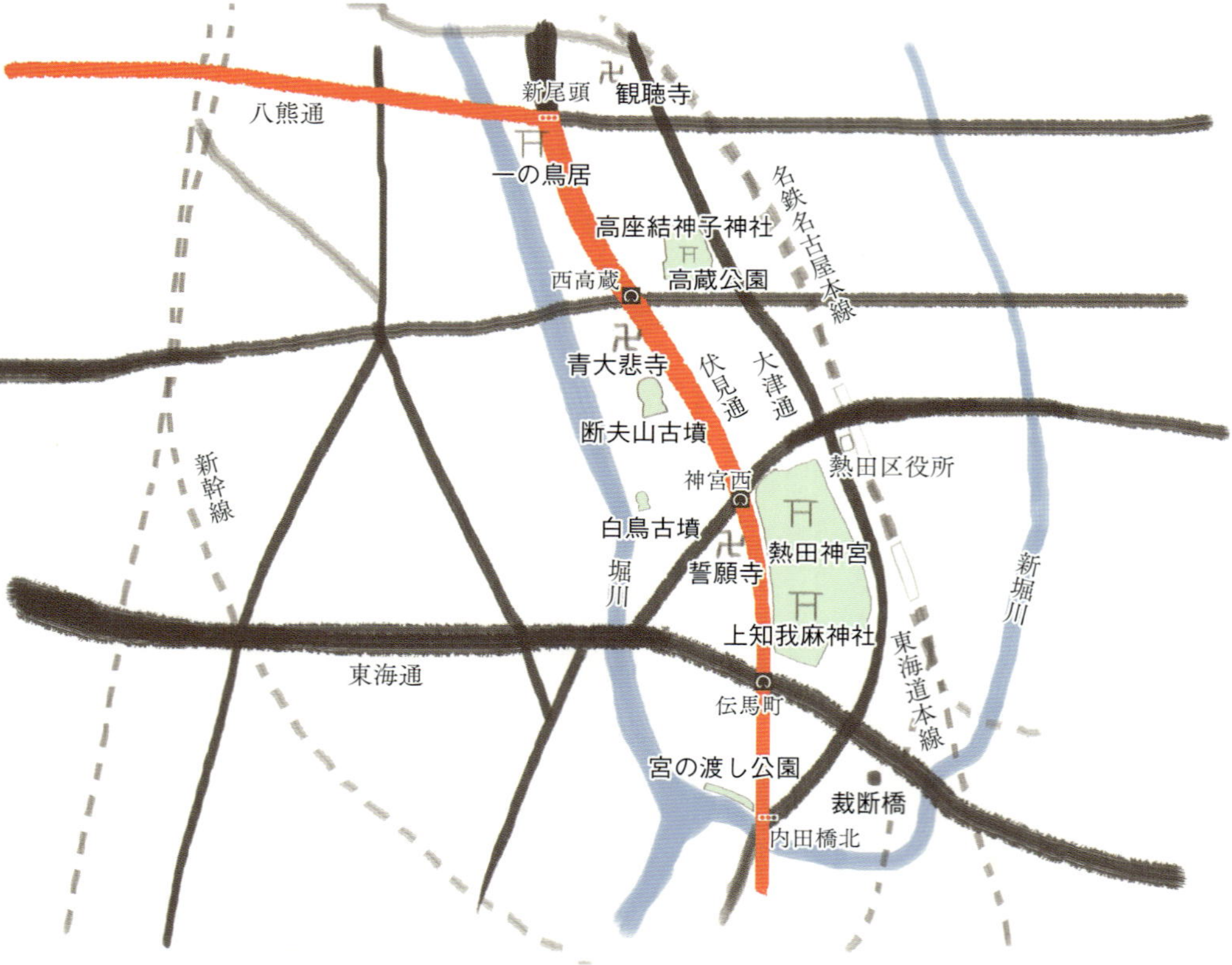
八熊通
新尾頭
観聴寺
一の鳥居
高座結神子神社
名鉄名古屋本線
西高蔵
高蔵公園
青大悲寺
伏見通
大津通
断夫山古墳
神宮西
熱田区役所
新幹線
白鳥古墳
熱田神宮
堀川
誓願寺
新堀川
上知我麻神社
東海通
東海道本線
伝馬町
宮の渡し公園
裁断橋
内田橋北

宮の渡し公園の常夜灯

熱田から尾頭橋

七里の渡し　宮宿　熱田神宮　誓願寺　断夫山古墳　白鳥古墳　青大悲寺　高座結御子神社
高蔵古墳群　一の鳥居　観聴寺

七里の渡し　宮宿

東海道の起点である日本橋から数えて41番目の宿、宮宿《みやしゅく》は1601年（慶長6）に伝馬宿となりました。多くの参詣者を集める熱田神宮を中心に古くから栄えた町場です。東海道はこの宮から七里《しちり》の渡しでもって桑名へと向かいます。舟路を避けたり、悪天候で舟が発着しなかったりした場合は「佐屋廻り」といって通常佐屋路や美濃路・津島街道を経由して、佐屋から三里の渡しでもって桑名へ渡りました。

まずこの宮宿へ訪れてみましょう。

市営地下鉄名城線伝馬町駅の4番出口から10分ほど南に向かって進み、内田橋北の交差点を右折しさらに進むと、宮の渡し公園があります。宮の渡しとは、宮宿と桑名宿を海路で結んだ渡しで、その距離は約七里（約27・5㎞）であったため、「七里の渡し」とも呼ばれました。諸記録などを参照すると、桑名までは通常4時間、悪天候の時などは6時間かかったといわれています。

公園内には、常夜灯が復元されており往時の様子を想像できます。1625年（寛永2）に、犬山城主成瀬正房《まさふさ》（正虎）が建立したものを、1955年（昭和30）に地元の有

熱田東浜御殿（『名古屋市史』地理編）

志の方々によって復元されました。常夜灯といえば、夜間に出入する船の安全のため点灯されるのが一般的ですが、この常夜灯は一風変わっています。1651年（慶安4）、由井《ゆい》正雪《しょうせつ》の乱（慶安事件）を機に、夜間航行が禁止され、その禁止の時間帯を知らせるために点灯していました。七里の渡しの常夜灯が点灯している間は、船の通行はできなかったということです。通常の常夜灯の役割とは逆の印象をうけます。

東西に長く広がる公園の中央付近には、宮宿の主要建物があった場所を示す地図が設置されています。その地図を確認しながら、宮宿中心部へと歩を進めましょう。

江戸時代、熱田の浜辺には尾張藩が建立した東浜御殿・西浜御殿という豪華な館がありました。藩主の要客の宿泊・もてなしのために建てられたもので、明治の初め、明治天皇

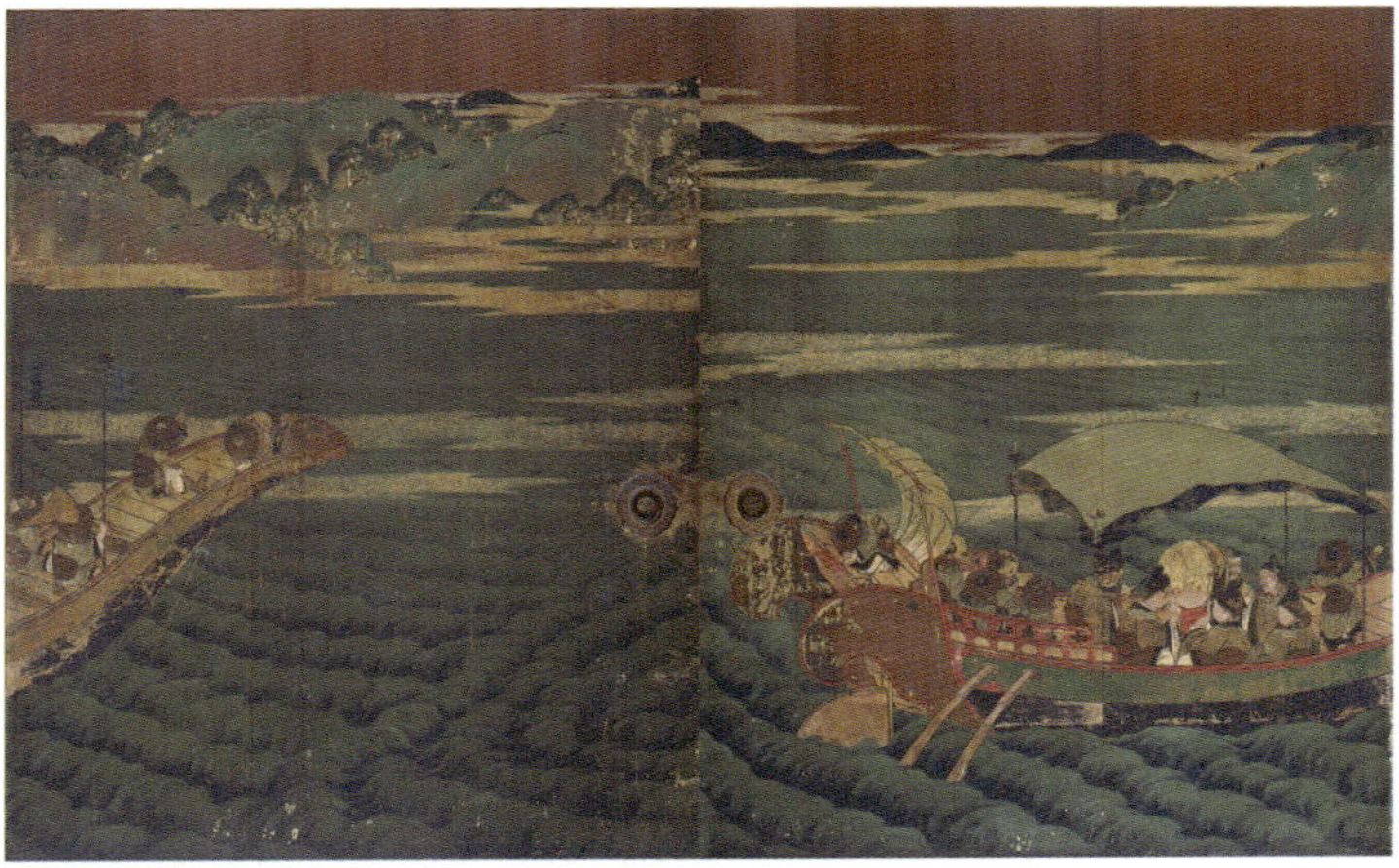

船上遊楽図　杉戸絵　名古屋市博物館所蔵

尾張藩御浜御殿の門（春日井市立中央公民館）

が東幸、還幸、再東幸した際は西浜御殿に宿泊しました。東浜御殿・西浜御殿は、歌川広重の『東海道五十三次』にある「宮 熱田濱之鳥居」左端に、一部分のみ描かれていますが、残念ながら全貌を描いた絵はのこっておらず、詳細はわかっていません。これらの邸宅は１８７２年（明治５）頃取り壊されました。しかし、一部分ではありますが、現在まで残っている資料があります。東浜御殿の門は、春日井市立中央公民館の駐車場に移築されています。門のみですが、大きな存在感で、御殿の豪華さを伝えてくれています。また、名古屋市博物館には、西浜御殿にあったと伝えられている、杉戸絵《すぎとえ》が残されています。海上の舟で楽人たちが音楽を奏でている様子が描かれており、浜辺にあった御殿にぴったりの画題です。作者・作成年代は不明ですが、近年の研究で、かの有名な葛飾北斎の影響を受けた絵であることがわかってきました。往時の御殿に思いを馳せ、尾張藩の要客気分を味わってみてはいかがでしょうか。

宮宿は、東海道七里の渡しと、佐屋路・美濃路の分岐点でした。多くの旅人がこの宿を訪れ、休息もしくは宿泊し、大いに栄えました。その繁盛ぶりは『尾張名所図会』にてうかがえます。旅人がひまなく行き来し、船場には商売の荷物が山のように積まれていると記されています。

１８４３年（天保14）の『東海道宿村大概帳《しゅくそんたいがいちょう》』には、人口１万３４２２人、家数２９２４軒、本陣２軒、脇本陣１軒、旅籠２４８軒とあります。

赤本陣（『尾張名所図会』付録第２巻）愛知県図書館所蔵

人口・家数は数ある宿場の中でも五本の指に入るほどの多さ、旅籠の数はなんと東海道一であり、大規模な宿場であったことがわかります。

さあ早速、宮の宿の町場へと足を進めましょう。

公園を出ると、そこは神戸町《ごうどちょう》。かつて神戸町にあった南部新五左衛門の本陣は、通称赤本陣とよばれ宮宿の正本陣でした。神戸町には、熱田奉行所・西浜御殿・船会所・船番所といった、藩のさまざまな役所が集まって置かれていました。お隣の伝馬町には、森田八郎右衛門の本陣があり、白本陣とよばれていました。規模が大きい宮宿には赤・白の二つの本陣がありました。伝馬町には、小出太兵衛家の脇本陣、御朱印改所もあり、多くの旅籠屋が軒を連ねていました。この、神戸町・伝馬町が宮宿の中心でした。

東海道からの入口にあたる、築出という場所には茶屋が立ち並んでいました。その中の一つ「鶏飯屋」の仲居、「おかめ」が大人気となったことから、宮宿で働く女性たち（仲居や遊女等）は総じて「おかめ」と呼ばれるようになったそうです。仲居や遊女たちは、一般的に文化とは疎遠のようなイメージがありますが、何が何が、彼女らは和歌等の素養を修得し、名古屋の文化を牽引する存在でした。享和年間（１８０１－１８０３）頃から、おかめたちの中で七七七五の甚句（酒宴で歌われる騒ぎ歌）が流行しました。それは、おかめたちによって改変されていき、文化年間には宮宿オリジナルの「神戸節《ごうどぶし》」が成立しました。

おかめ買ふ奴　天窓で知れる　油つけずの二つ折れ　其奴は　どいつじゃ　どいつじゃ　どどいつどいどい

ほうろく地蔵

裁断橋址・都々逸発祥の地

有名な「神戸節」の一つです。この末尾の言葉が訛って「どどいつ＝都々逸」がうまれたといわれています。都々逸といえば江戸の文化と思う方が多いですが、実は発祥は宮宿なのです。熱田裁断橋に「都々逸発祥之地」の石碑があります。

熱田神宮へ向かう前に、せっかくですから、裁断橋に寄っていきましょう。熱田神宮の東に、精進川という川が流れています。熱田神宮の夏越《なごし》の祓がおこなわれたとこから、精進川と呼ばれるようになりました。かつて、この川の西岸に三途《さんず》の川の番人である、奪《だつ》衣婆《えば》像を安置した姥堂があったことから、三途川とも呼ばれていました。この川と東海道とが交わる場所にあるのが裁断橋です。この橋は、おそくとも室町時代の末頃には、存在していたようです。

この橋は、二回の架け替え工事がおこなわれています。この二度の架け替えはいずれも、堀尾金助の母がおこなったということが知られています。その裏には、涙なくしては語れない母の愛の物語があります。堀尾金助《ほりおきんすけ》とは、尾張国丹羽郡御供所《こごしょ》村（現大口町）出身で、豊臣秀吉に仕え活躍した堀尾吉晴の一族です。金助は、1590年（天正18）、秀吉による小田原城城主北条氏攻めに従軍し、18歳にして、戦地で病死してしまいました。金助の母は、その死を悲しんで、菩提を弔うため没後すぐに一回目の橋の架け替えをおこないました。その後、金助の三十三回忌を迎える、1622年（元和8）に二回目の橋の架け替えをおこなったのです。この二回目の橋の架け替えの際、橋の擬宝珠《ぎぼし》に金助をなくした母の思いが刻まれました。――二度と息子に会えない悲しさのあまり、橋をかけました。息子が成仏できますように、この文章を見た人は、どうか念仏を唱えてほしい。――この文章は、人々の涙を誘い、母子の悲話として、語り継がれることとなりました。江戸時代の書物にも取り上げられ、紹介されています。この擬宝珠は現在、名古屋市博物館が所蔵しており、常設展で紹介されています。

明治時代の上知我麻神社　名古屋市鶴舞中央図書館所蔵

神戸町を抜け、宮の渡し歩道橋を渡ります。熱田神宮の南門へと続く道を進んでいくと、左側に「ほうろく地蔵」があります。実はこの場所には、かつて源太夫社《げんだゆうしゃ》（上知我麻《かみちかま》神社）があり、ここが宿場の中心でした。祭神は尾張氏の祖小止与命《オトヨノミコト》であり、宮宿に立ち寄る旅人はほとんどが、ここで旅の無事を祈願したそうです。この神社は戦後、熱田神宮に遷座されました。『尾張名所図会』には人々で賑わう神社と門前町の様子が記されています。『尾張名所図会』源太夫社の門の向かい、曲がり角のところに道標が描かれています。この道標は、1790年（寛政2）のもので、今でも、ほうろく地蔵の前に残っています。

東　北さやつしま　道
同みのち

南　寛政二庚戌年

西　東江戸かいとう
北なこやきそ道

北　南京いせ七里の渡し
是より北あつた御本社貳丁　道

江戸から東海道を進み、宮宿へ来ると源太夫社に突き当たります。その丁字路を北に行くと佐屋路・美濃路、南に行くと七里の渡しです。

さて、いよいよここから佐屋路の旅のはじまりです。

熱田神宮宝物館

上知我麻神社

熱田神宮境内

熱田神宮

北の方には、熱田神宮の立派な南門が見えています。そのまま鳥居をくぐり、すぐ左に曲がると、前述した源太夫社が、上知我麻神社と名を変えて祀られています。江戸時代の人々と同じように、源太夫社にお参りしてから本殿へと向かいましょう。

熱田神宮は、113年（景行天皇3）に、日本武尊《ヤマトタケルノミコト》が亡くなった際、妻の宮簀媛命《ミヤズヒメノミコト》が草薙剣《クサナギノツルギ》を熱田に祀ったことから始まりました。草薙剣は、天照大神《アマテラスオオミカミ》の弟、素戔嗚尊《スサノオノミコト》が八岐大蛇《ヤマタノオロチ》を退治したときに、体内から出てきた天叢雲剣《アメノムラクモノツルギ》のことです。景行天皇の時代、日本武尊が東国平定を任された際、斎宮にいた叔母倭姫命《ヤマトヒメノミコト》からこの剣を授けられました。その剣を携えて、尾張国まで来た時に、尾張氏の祖・建稲種命《タケイナダネノミコト》の妹・宮簀媛命と出会いました。そして、ここで二人は将来を誓い合い、いざ東国平定に向かいました。駿河国で火攻めに遭いましたが、この剣で草を薙ぎ払うと、たちまちその火は敵を焼き払ったということです。困難を乗り越え、なんとか東国を平定した日本武尊は、尾張に戻り宮簀媛命と結婚し、草薙剣を姫に預けたまま、近江へと出陣し命を落としました。草薙剣にはこのような由緒があります。

この草薙剣は尾張氏が中心となって祀ることになり、熱田神宮は、三種の神器の一つ草薙剣を安置する権威ある社として繁栄してきました。主祭神は熱田大神、相殿神として、天照大神・素盞嗚尊・日本武尊・宮簀媛命・建稲種命といった草薙剣に縁の深い神々が祀られています。別宮八剣宮とその他境内外に摂社12社、末社31社があります。

伊勢神宮に次いで権威があるといわれる熱田神宮は、数々の権力者があつく崇拝してい

信長塀

誓願寺・源頼朝生誕地

ました。熱田神宮の大宮司職は尾張氏がつとめていましたが、平安時代後期に藤原南家の藤原季範《ふじわらのすえのり》に譲られることになりました。この季範の娘が源義朝に嫁ぎ、源頼朝の母となりました。このような縁もあり、義朝・頼朝からは太刀や剣が奉納されています。

また、少し時代は下りますが、1560年（永禄3）には、織田信長が桶狭間の戦いの前に熱田神宮で戦勝祈願をおこないました。結果は、みなさんご存じの通り信長の大勝で、その感謝の意をこめ土塀を築きました。現在も本殿前に「信長塀」として残っています。その他、信長の父織田信秀や、江戸時代以降歴代の藩主と、名古屋を支配していた領主たちの崇敬と寄付・手厚い保護が知られています。

江戸時代に入ると、熱田神宮が宮宿を管轄するようになり、参拝客も急増し大いに繁栄しました。江戸時代のにぎわい、境内の様子は『尾張名所図会』にて知ることができます。現在とは異なり、回廊に囲まれた尾張造であったことがわかります。1868年（慶応4）神宮号を宣下され熱田神宮に名称を変えました。1870年（明治3）には、官幣大社に列格されました。現在の境内の形になったのは、1893年（明治26）に竣工した改修の時です。この時に伊勢神宮と同じ神明造に改められました。

毎年6月5日に開催される例祭、熱田まつりが有名です。以前は堀川に五艘の巻藁船が出船していましたが、現在は鳥居前広場に屋形が飾られ「献灯巻藁」と呼ばれています。数々のイベントも組まれ、多くの参拝者で賑わいます。

南門から本殿に向かう途中右側には熱田神宮宝物館があります。ここには、熱田神宮の長い歴史の中で奉納された何千点にも及ぶ多くの宝物が所蔵されており、平常展とともに企画展も開催され熱田神宮の歴史を学べます。草薙剣を所有している神社ということもあり、刀剣が奉納されることが多く、名刀の宝庫として知られています。刀剣女子必見の場所です。

白鳥古墳

断夫山古墳

誓願寺　断夫山古墳　白鳥古墳

熱田神宮の西側には、国道19号線がはしっています。ここが佐屋路・美濃路のルートです。参拝後はこの道を北上していきます。

国道19号線を渡ってすぐに、誓願寺というお寺があります。熱田大宮司藤原季範《すえのり》の娘が、源頼朝を産んだ地と伝えられています。門の横には「右大将源頼朝公誕生旧地」と刻まれた石柱があります。また、境内には「頼朝公産湯地」が残されています。鎌倉幕府を誕生させた、源頼朝はこの地で産声をあげたという、歴史ロマンあふれる伝承が残る場所です。

そのまま国道19号線を北に進んで行きましょう。右手に熱田神宮の森を見ながら歩いて行きます。左側前方に、なにやら緑の山のようなものが見えてきます。これは断夫山《だんぷさん》古墳です。東海地方最大の前方後円墳で、全長１５１ｍ、高さ16ｍという巨大な古墳です。築造年代は、６世紀前半と言われており、保存状態も非常に良好で、原形をよくとどめています。台地の西端にあり、海を見下ろせる場所にあるため、海上交通を支配していた人物の墓ではないかと推測されています。近年では、継体天皇の第一妃目子媛《めこのひめ》、または、尾張南部に勢力をもっていた尾張連草香《おわりのむらじくさか》の墓という説が有力です。

この古墳は、草薙剣を祀り熱田神宮を創始した、日本武尊の妻宮簀姫の墓と言い伝えられ、代々熱田大宮司千秋《せんしゅう》家が保護してきたそうです。江戸時代、立入りが禁止されていましたが、年に一度、３月３日には登ることが許されていました。その様子は『尾張名所図会』に記されており、多くの人々が古墳にのぼり、高所からみる周辺の景色を楽しんでいる様子が描かれています。

実は、この熱田台地には多くの古墳があったそうです。しかし、現在残されているのは、前述した断夫山古墳とそこから南に４００ｍほど離れた場所にある、白鳥古墳のみです。

青大悲寺

佐屋路からは見えませんが、少し足をのばして白鳥古墳まで行ってみましょう。

白鳥古墳は、日本武尊の墓という伝承がある前方後円墳です。白鳥古墳はさまざまな事情で削られており、原形がそこなわれていますが、全長70ｍで、断夫山古墳の約半分の規模の古墳です。築造年代は、5世紀後半から6世紀前半と大きく幅があります。

『小治田之真清水』には、1837年（天保8）8月14日に暴風雨で古墳の樹木が倒れた際、石室の一部が発見された時のことが記されています。長持の形の、横4～5尺、縦2間余、深さ5～6尺の石郭が、四面石垣組で大きな5枚の石で蓋をした状態で出てきたそうです。このとき写生された石室内の遺物の特徴から、6世紀前半の遺物群ではないかと考えられています。

青大悲寺

断夫山古墳を左手に見ながら、国道19号線をさらに北へと進んでいきましょう。左にお寺が見えます。青大悲寺《せいだいひじ》といい、如来教の本山です
如来教とは、江戸時代末に「きの」という女性が開いた宗教です。近世後期から明治維新頃には、民衆から教祖が生まれ、新しい宗教が始まることがよくありました。この流れの中で始まった数々の宗教の中で、如来教は最も早い、1802年（享和2）に創始されました。
きのは、1756年（宝暦6）2月、熱田新旗屋町の住人・長四郎の娘として生まれました。幼い頃に両親を亡くし、烏森村に住む叔父に引き取られました。その後、結婚した夫が出奔したため、名古屋の漢方医橋本大進家に奉公に出ました。そこで、尾張藩石河主《いしこもん》水《ど》家の隠居に気に入られ、石河家に仕えることになりました。40歳で石河家を辞し、ようやく熱田新旗屋の家を買い戻したところで、夫が出戻ってきた上、病気になり、亡くなっ

てしまいました。借金が残ったきのですが、さらに大変なことに、尾頭《おとう》橋に住む覚善という僧侶の子を、養子として受け入れることとなりました。そして子どもだけでなく、覚善もきのの元へ転がり込み、後に再婚しました。お金がない、貧しい生活を送っていました。そんな波瀾万丈な人生を送ってきたきのは、１８０２年（享和2）、47歳の時、突如として神がかり、如来の教えを説きはじめました。きのの口から発せられる神の言葉を、夫の覚善が取次をして、信者に伝えるという布教活動を通して、如来教は地元の人々を中心に広まり、尾張藩士の間でも評判となりました。美濃・伊勢・信濃・江戸にも信仰圏があったそうです。きのが伝える神の言葉は「御説教」とよばれ、『お経様』という経典として残されています。この経典はとても特徴的で、きのが話したことそのままに記録されているため名古屋弁で書かれています。現在の名古屋弁と比べてみるのもおもしろいかもしれません。

１８２０年（文政3）、如来教は藩から弾圧を受け、きのは御器所《ごきそ》（名古屋市）に隠居し、表向きの活動が制限されました。そして、１８２６年（文政9）きのは71歳で亡くなりました。死後も、信者たちの崇敬は止むことなく、講活動を続けていましたが、徐々に取り締まりが厳しくなり衰退していきました。きのの死後間もなく、江戸泉屋の女中きくがその後を継ぎましたが、数年後、江戸に戻り浅草の講中を受け継ぎました。幕末から明治維新頃は、信者の一人で商人であり後に僧侶となった、小寺佐兵衛とその二男大拙が中興します。彼らは曹洞宗に属し、その元で如来教は近代以降も存続していきました。１９６３年（昭和38）に宗教法人如来教となり、現在に続いています。

青大悲寺の前の通りに面したところには地蔵堂があり、鉄で鋳造された地蔵菩薩立像が安置されています。この地蔵は、もともと熱田区旗屋町北山墓地の地蔵堂に安置されていた、鉄造地蔵菩薩立像三軀・木造地蔵菩薩立像一軀のうちの一軀です。『尾張名所図会』

高座結御子神社

高倉貝塚

では尾張六地蔵のひとつに数えられていました。1829年（文政12）、成福《じょうふく》寺から高照寺を経て、青大悲寺所蔵となりました。等身大の大きなお地蔵さんで、銘文より1509年（永正6）に尾張氏女が願主となって造られたものとわかります。このお地蔵さんは、愛知県指定文化財になっています。お参りをして、先へ進みましょう。

高座結御子神社　高蔵古墳群

青大悲寺を出て、再び佐屋路である国道19号線に戻りましょう。そのまま北へ進んで行くと、西高蔵の交差点があります。その右手、東側に再び森が見えてきます。ここが高蔵公園で、この公園内に高座結御子神社《たかくらむすびみこじんじゃ》があります。

この神社は、熱田神宮の境外摂社のひとつであり、835年（承和2）の鎮座といわれ、古い歴史を持っています。式内社で、祭神は饒速日命《にぎはやひのみこと》の子である高倉下命《たかくらじのみこと》を祀っています。境内には鉾取社、新宮社、御井社、稲荷社があります。

高座結御子神社は、「子育て神」として有名です。4月3日の幼児生育祈願祭、6月1日におこなわれる例祭は、多くの親子で賑わいます。7月の土用入りにおこなわれる、末社御井社のお祭りは一風変わっています。御井社の中にある井戸を覗き込むと「虫封じ」になるといわれ、親子の参拝客がみな井戸を覗き込みます。通称「高座の井戸のぞき」と呼ばれています。この行事は、高座結御子神社の例祭でも開催されています。一度、訪れてみてはいかがでしょうか。

境内には、尾張連浜主《おわりのむらじはまぬし》の歌碑もあります。この人物は熱田社の社家で、伶人《れいじん》（音楽を演奏する人）をしていました。845年（承和12）に宮中の大極殿において、なんと113歳で長寿楽を舞ったといわれています。高齢により、立ち上がり登壇するのも困難そうな様子であったけれども、ひとたび音楽が鳴りはじめると、少年のような軽やかな舞を披露

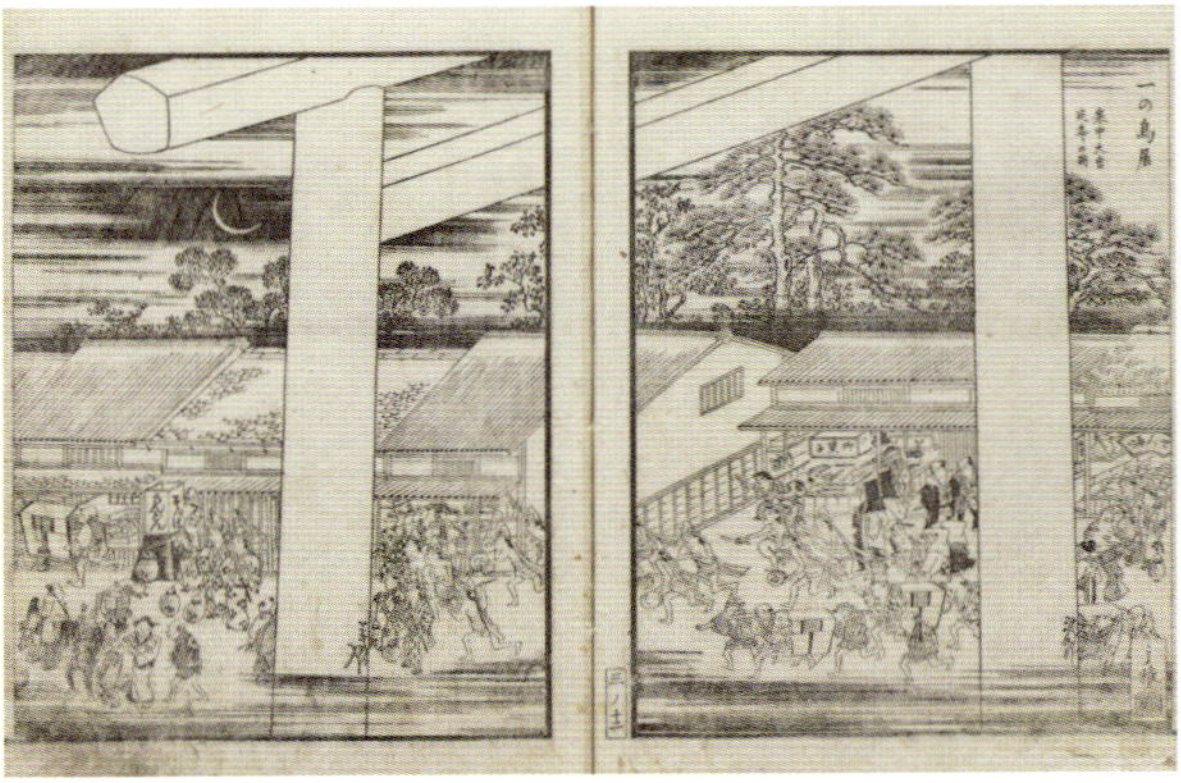

一の鳥居（『尾張名所図会』前編第３巻）愛知県図書館所蔵

熱田神宮第一神門址

し、人々を驚かせました。その後、清涼殿で再び天皇の前で舞うことになり、その時も素晴らしい舞をして、すてきな和歌を奏上しました。この時の和歌が、昭和に入ってから「愛国百人一首」に選ばれたことを記念して、神社境内に歌碑が建てられました。

この神社周辺は、かつて古墳が多くあった場所で高蔵古墳群と呼ばれています。1908年（明治41）に鍵谷徳三郎《かぎやとくざぶろう》氏が、高蔵貝塚の発見を発表しました。その時に、神社の境内を取り囲むように七つの古墳があること、また近辺にもいくつも古墳が点在していることを発見しました。

高倉一号古墳のみ、高蔵公園の拡張工事に伴い、1954年（昭和29）に名古屋大学によって調査されました。築造時期は6世紀後半から7世紀にかけてといわれ、直径約18m・高さ2・5mの円墳で、石室が二室あり、それぞれ埋葬時期の異なる五体の遺体があることがわかりました。他の古墳については未調査で詳細は不明です。この周辺の地下には、まだだれも知らない、古代の世界が広がっているのです。

一の鳥居

さらに国道19号線を北に進んで行きます。「新尾頭」の交差点の手前あたりには、「熱田神宮第一神門址」という石柱があります。ここに熱田神宮の一の鳥居がありました。

『尾張名所図会』を紐解くと、熱田神宮には大きな鳥居が八つあり「八彊《はっきょう》の鳥居」と言われていたことがわかります。同書の「一の鳥居寒中大宮夜参りの図」には、往時の一の鳥居の様子が描かれ、大勢の人々の往来を大きな鳥居が見守っています。高さ三丈五尺、柱回り一丈、丹塗りの檜造りというとても立

観聴寺

派なものでした。

『尾張名所図会』の絵をよく見ると、人々は鳥居をくぐらず脇の道を通っています。一の鳥居を通り抜けることは遠慮するのが普通であったようです。

１８４０年（天保11）、一の鳥居の建替えがおこなわれ、さらに立派な鳥居となりました。

現在は石柱によってかつての鳥居の位置がわかるのみですが、ぜひここを通るときは、大きく立派な鳥居を想像し、江戸時代に思いを馳せてみてはいかがでしょうか。

観聴寺

「新尾頭」の交差点を通り過ぎ、一つ目の曲がり角を右に折れ、交差点を二つ通過した先に観聴寺《かんちょうじ》があります。西山浄土宗のお寺で、山号は大悲山。元和年間（１６１５～１６２４年）に、正覚寺十六世空山存宅が開基したといわれています。元は熱田区旗屋町付近にありましたが、１９４２年（昭和17）神宮公園を建設するにあたって現在地に移転しました。

このお寺には室町時代につくられた、二体の鉄造のお地蔵さんが安置されています。実はこのお地蔵さんは、先ほどお参りした青大悲寺のお地蔵さんと一緒に、北山墓地の地蔵堂に安置されていたものです。青大悲寺のものと同様、二体とも約１６０cmある等身大のお地蔵さんです。

向かって右側の像には銘文があり、１５３１年（享禄4）11月に道永・大脇新衛門という二人が発願し、上野太郎右衛門範家が鋳造をおこなったことがわかります。上野太郎右衛門範家は、上野郷（名古屋市千種区鍋屋上野町。春日井市上野町という説もある）で活動していた鋳物師です。この人物、実は、織田信長によって１５６２年（永禄5）、尾張の鋳

されています。

物師頭に任命され、江戸時代に入ってからも代々鋳物師頭を務めた、有名な水野太郎左衛門家の初代です。尾張の鋳物師が鋳造したことが明記されている、一番古い例であり注目されています。

左側の像は、右側の像より、少し前に鋳造されたものではないかといわれています。この像は、飢饉や疫病から民を救いたいという願をかけ、尾頭次郎（1260年没）が守刀を芯に入れ造ったという伝説があります。近年の研究で、青大悲寺のお地蔵さんと同一の原型が使用されていること、先ほど紹介した隣にある上野範家鋳造のお地蔵さんとは明らかに表現が異なり時代も溯るということから、室町時代後期1520年頃の鋳造と考えられています。前述の伝説の年代とは、時代に齟齬があるということがわかってきました。

二体ともに素朴な造形が印象的で、室町時代後期の様相を色濃く残した作風です。どちどちらも、愛知県指定文化財となっています。

また、この寺には室町から江戸時代にかけて流行した、月待信仰にまつわる碑ものこっています。月待とは、決まった月齢の夜に人々が集まり、飲食等をしながら月が出るのを待つというものです。この集まりは「月待講」と呼ばれていました。17日・19日・23日が重要視されており、とくに23日におこなわれることが一般的に広く普及しました。観聴寺には、1596年（文禄5）・1630年（寛永7）・1639年（寛永16）の23日におこなわれた月待の際、つくられた碑が三基残されています。「月待供養碑」として境内に置かれています。民間信仰を物語る貴重な資料「観聴寺月待碑」として、名古屋市の指定文化財にもなっています。

名古屋市における、中世末から近世初頭にかけての信仰について、さまざまなことを教えてくれる場所です。

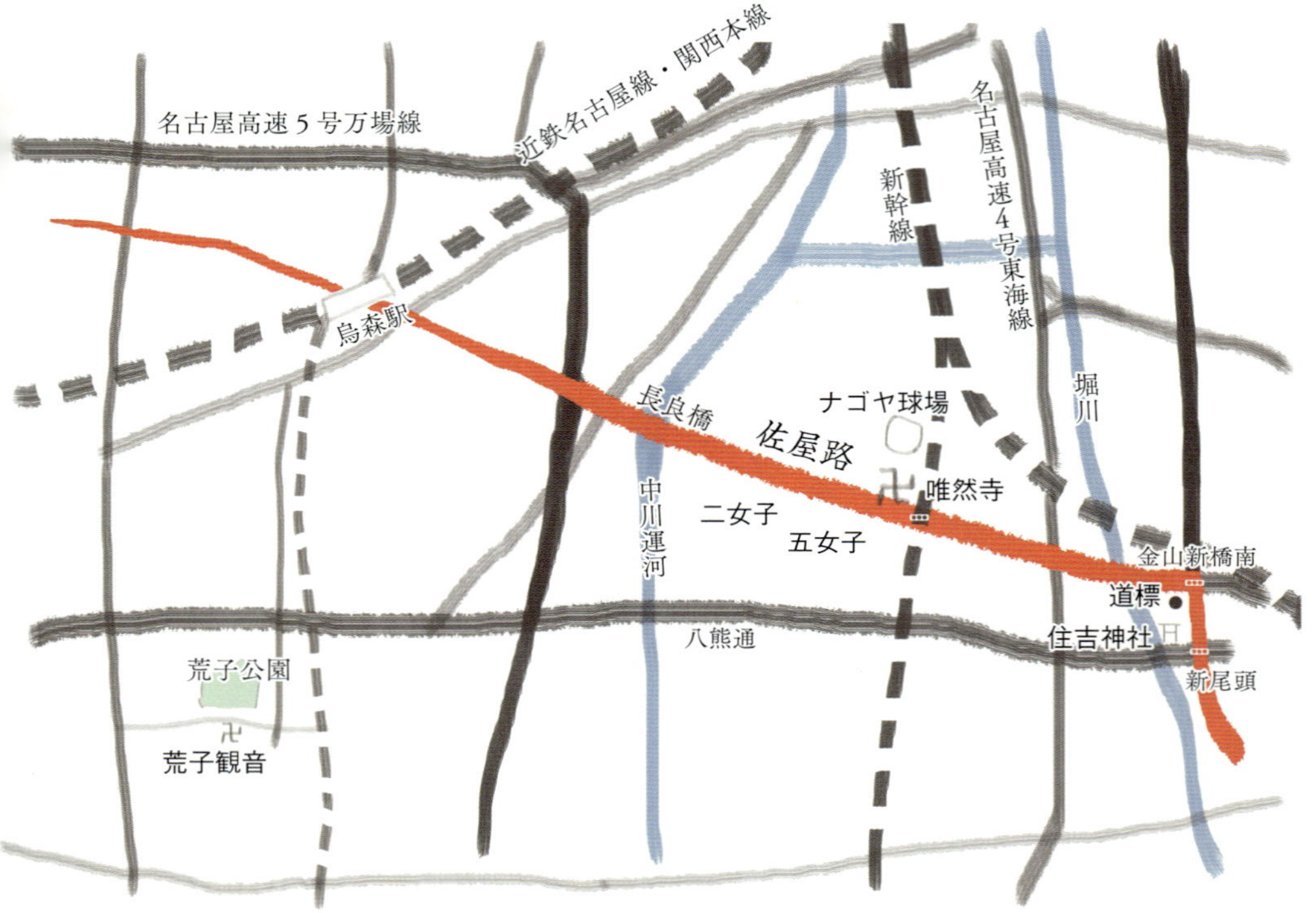
名古屋高速５号万場線
近鉄名古屋線・関西本線
新幹線
名古屋高速４号東海線
烏森駅
長良橋
佐屋路
ナゴヤ球場
唯然寺
堀川
中川運河
二女子
五女子
金山新橋南
道標
住吉神社
八熊通
新尾頭
荒子公園
荒子観音

尾頭橋から岩塚

住吉神社　三所の堺　佐屋路道標　堀川　ナゴヤ球場　五女子　二女子　荒子観音　荒子城

住吉神社

住吉神社

少し足をのばして、新尾頭の交差点を西に向かって曲がって少し進むと、住吉神社があります。その起源については諸説ありますが、ここでは社記の内容を紹介しましょう。1724年（享保9）、有名な摂津（大阪府）の住吉明神を勧請した神社です。当初は神社に隣接してあった小さなお堂に奉安したそうですが、1762年（宝暦12）、現在の場所に大坂廻船講中の極印講12名が、大坂と当地の航路安全を祈念し社殿を創建したということです。その後、江戸廻船講中などにより修造がおこなわれました。あちこちから多くの商人たちが出入りしていたことを物語る神社といえます。境内には、18世紀後半を中心に、商人たちが寄付したであろう石灯籠などが多数存在します。

社伝によれば、境内の人丸社・天神社をあわせて和歌三神としての崇敬も始まりました。松坂屋の伊藤次郎左衛門祐民《すけたみ》は、社前に多くの人々を招き和歌法楽を開催し、多数の和歌を奉納したそうです。この神社は堀川沿いの高台という立地で建てられていたため、開けた眺望により名勝とされました。そんな風光明媚な堀川沿いで、和歌を詠むという、とても優雅な会であったことが想像されます。

境内には「三吟塚」という碑があります。尾張の俳諧を代表する青山圃暁《あおやまえんきょう》・久村暁台《くむらぎょうたい》・

三吟塚

佐屋路道標

井上士朗の三つの句が一緒に刻まれています。暁台と、その門人でありパトロン的存在であった圃暁、当時大人気を博していた士朗の三人が、ある日この地で夜の雪景色を見て詠んだものだそうです。その思い出を懐かしんで、暁台の死後12年目、1803年（享和3）3月に建立したことが、背面に刻まれた文章からわかります。

江戸時代以降、各地から集まった商人たち、また和歌・俳諧を愛した人々に思いを馳せながら、お参りしてみてはいかがでしょうか。

三所の堺　佐屋路道標

国道19号線に戻り、さらに北へ歩を進めると「金山新橋南」という交差点にあたります。その交差点の西南の角に「佐屋路の標石」として有名な道標が建っています。

南　左　さや海道
　　　　つしま道
西　右　宮海道
　　左　なこや道
東　右　木曽　海道
　　　　なこや
北　文政四辛巳年六月　佐屋旅籠屋中

以上のように書かれています。ここで美濃路と佐屋路が分岐します。また、江戸時代にはこの場所が熱田と名古屋の中間に当たっており、南を熱田・北を名古屋としていました。また同所から佐屋路も分岐していたので、「三所の堺」とも呼ばれていました。

尾頭橋

尾頭橋から南を望む

しかし、実は佐屋路が開かれた当初は、もう少し南で分岐していたようです。寛文年間、尾張藩は城下の整備に着手しました。その後、名古屋城下と熱田を結ぶ本町熱田道（美濃路）の整備に際し、佐屋路の分岐点を北に移し、新しい佐屋路を開鑿しました。その後堀川を渡る尾頭橋も新設され、1666年（寛文6）には、佐屋路が五街道に準ずるものとして、幕府の支配下におかれました。この整備によって、今の道標の場所が分岐点となったのです。

こうして寛文以降、使いやすくなった佐屋路は有名になり、より多くの人々の往還に使用されるようになりました。

堀川

金山新橋南の交差点を左折し、今度は分岐点から佐屋路を西へと進んでいきましょう。そのまま歩いていくと、川が流れ、橋がかかっています。この川が堀川です。

堀川は名古屋築城の際に掘られた運河です。1610年（慶長15）、名古屋城築城が開始されますが、名古屋城下には河川がなく水利が不便でした。よって、徳川家康の命により、福島正則が普請奉行となって工事がはじまりました。城の西にある龍の口から、広井・日置《ひおき》・古渡《ふるわたり》と下っていって、熱田の西で海につながるように堀川がつくられました。堀川の両側には藩の米蔵・商家の納屋が並び、下流部には船蔵・白鳥貯木場・材木奉行所などが立ち並びました。

江戸時代の堀川について『尾張志』には、「諸国の商船が、米穀・炭薪・材木・器財・魚菜の類、いろいろなものを運送するためにこの川を使う。府下一番の用水である」とあり、ひっきりなしに船が往来する光景が目にうかびます。

堀川には、「堀川七橋」といってその昔七つの橋が架けられていました。佐屋路を行く

ナゴヤ球場

我々はその一つ「尾頭橋《おとうばし》」を渡ります。寛文年間の道の整備にて、佐屋路の分岐点が北に移動し、１６６５年（寛文5）には、尾頭橋の架け替えがおこなわれました。尾頭橋が「新橋」と呼ばれる由縁はここにあります。

尾頭橋は一番下流にあった橋なので、大雨の時は上流からさまざまな物が流れてきて、何度も流失しました。そのためか、尾頭橋のたもとには「七はしくやう」碑が建てられていました。七つの橋の安全を祈って建てられたものと言われています。現在は熱田区花町の畑中《はたなか》地蔵の側に移築されています。

ナゴヤ球場

尾頭橋で堀川を横断し、さらに西へ佐屋路を進んでいきます。しばらく歩きつづけていると、新幹線の高架橋をくぐります。高架橋下の交差点から、二つめの斜めに入る道を右折し、進んでいくと、ナゴヤ球場が見えてきます。

１９４８年（昭和23）、空襲によって焼失した軍需工場の跡地に、「中日スタヂアム」がつくられました。それまで本拠地を持っていなかった中日ドラゴンズは、翌年から正式に本拠地球場として使用し、「中日球場」と呼ばれ親しまれました。１９７６年（昭和51）、馴染み深い「中日球場」の名は消え、「ナゴヤ球場」と名称が変わり、さらには１９９７年（平成9）に、ナゴヤドームが完成し一軍の本拠地が移されました。ナゴヤ球場は現在も二軍の公式戦で使用されています。

１９５１年（昭和26）の火災、１９５３年（昭和28）には全国で四番目に早い照明設備の設置、１９５４年（昭和29）のセ・リーグ初優勝・日本シリーズにおいて西鉄ライオンズ（現埼玉西武ライオンズ）を破って初の日本一、１９７４年（昭和49）の大洋ホエールズ（現ＤｅＮＡベイスターズ）を破っての二度目のセ・リーグ制覇といった名場面――。試合

五女子のバス停

津島街道一里塚の道標

の勝敗に一喜一憂した思い出、忘れられないプレーなど、古くからの中日ドラゴンズファンにとって、思い出が多く詰まっている球場といえましょう。単にファンの思い出の地としてあるばかりでなく、中日ドラゴンズの歴史の一ページとして後世に語り継がれるのではないでしょうか。

五女子　二女子

佐屋路に戻って西へ進むと左手に、真宗大谷派の唯然寺があります。境内には「津島街道　一里塚」の道標が建っています。「津島街道」とは名古屋と津島を繋ぐ街道で、上《かみ》街道と下《しも》街道があります。途中まで美濃路と同じルートをたどり、途中で分岐するのが、上街道。現在名鉄津島線が街道に沿ってはしっています。我々が歩いている佐屋路と一部同じルートをとっているのが、下街道。この辺りは佐屋路と津島下街道が同じ道であるため、「津島街道　一里塚」となっているのでしょう。この道標自体は新しいものですが、ここが五女子《ごにょうし》の一里塚で、「熱田宿から最初の一里」を伝える塚です。

一里塚は、一般的に一里ごとの目印として、設置されていました。松や榎などが植栽され、旅人の旅の疲れを癒してくれたのではないでしょうか。五女子の一里塚にも松が植えられています。向かいにもう一つ塚があったと考えられますが、今はありません。

五女子をぬけると、佐屋路は二女子に進んで行きます。二女子・五女子と変わった地名だな、と思う方も多いのではないでしょうか。『尾張地名考』によると、かつてこの付近には、一～七女子村があったということです。尾張のある大地主が七人の娘をそれぞれ近村に嫁がせ、その七人の娘たちが嫁いだ先の村の名を、一女子・二女子…七女子としたそうです。

一女子村はすぐに古渡村と改姓、二・四・五・七は江戸後期から明治初期まで地名と

荒子観音への道標（現在は観音寺境内）

中川福祉会館前の佐屋街道説明板

長良橋から名古屋駅方面を望む

して存在しました。三・六も、村名としては残っていませんが、文献に名前が記されています。1878年（明治11）郡区町村編成法施行時、五女子村・二女子村は合併して八熊村、七女子村は本郷《ほんごう》村・小塚《こつか》村と合併し小本《こもと》村となりました。さらに小本村は、1889年（明治22）に、四女子村・長良村・篠原村と合併し松葉村となりました。

地名は時に、その土地のおもしろい伝説を物語ってくれます。皆さんも地名に注目しながら、佐屋路を歩いてみてはいかがでしょうか。

荒子観音

中川運河にかかる長良橋を渡り、さらに西へ西へと道を進んでいきましょう。烏森《かすもり》駅を右に見ながら踏切を渡る少し前付近に、かつては荒子《あらこ》観音へ導く道標がありました。観音像が刻まれたその下に「荒子観音道」、右・左面には「あらこくわんのんみち　是より十二丁」、後面には「奉納　弘化四丁未歳八月　願主奥村伝七」とありました。現在は荒子観音境内の多宝塔の北側にあります。この道標に従い、南に12丁（約1・3㎞）ほど進んで行くと荒子観音があります。実際の道で歩いてみると、約2㎞です。

荒子観音は、尾張四観音に数えられている、浄海山観音寺と称する天台宗のお寺です。729年（天平元）に泰澄《たいちょう》が草創しました。泰澄は、加賀国白山を開山したことで有名な僧侶です。別名を越の大師といい、北陸・近畿・東海を歩き回り、教えを説き各地に寺院を建立しました。741年（天平13）、泰澄の弟子自性が観音寺を引き継ぎ、永禄年間

観音菩薩像　荒子観音寺所蔵
（長谷川公茂氏提供）

荒子観音山門　左奥が多宝塔

（1558～1570）に全運が現在地に移して再興しています。

荒子観音は、1536年（天文5）建立の多宝塔が現存しています。これは名古屋市内では最古の木造建築物で国の重要文化財となっています。熱田の宮大工岡部甚四郎吉定によって建てられており、室町末期の建築の特徴が色濃く出ており必見です。

1576年（天正4）には、荒子城主前田利家が本堂を再建し、自身の甲冑や馬具などを奉納しています。しかし、残念ながら1891年（明治24）濃尾大地震で倒壊してしまい、現在の本堂はその時の残材で再建されたものです。江戸時代に入ってからも、尾張藩徳川家初代徳川義直、二代徳川光友から保護を受け、大いに繁栄したお寺です。

この寺には非常に多くの円空《えんくう》仏があることでも有名です。延宝（1673～1680）・貞享年間（1684～1687）に円空が寺を訪れ、山門の仁王像とともに千体をこえる仏像を彫ったことが記録に残っています。しかも、その仏像のほとんどが現存しており、荒子観音には現在約1250体もの円空仏が所蔵されています。全国で発見された円空仏の、なんと四分の一が荒子にあるということで、円空仏研究でも注目されています。円空仏は毎月第2土曜日の午後1時から4時まで公開されています。

現在はおこなわれていませんが、かつて縁日の日（5月18日）には、馬の塔という行事がおこなわれていました。馬の塔とは、尾張・西三河に特有の祭礼で、飾り立てた馬を寺社に奉納する行事です。1575年（天正3）、前田利家が大名となって越前府中に領地替えとなった際、前述したように荒子観音の建替えをおこない、飾った馬を七頭奉納し、その年の縁日で馬の塔をおこなったことが起源という伝承があります。そ

前田利家卿誕生之遺址

の後、その馬道具は荒子の村へと受け継がれ、各村が馬道具を競って豪華にして隆盛しました。しかし、残念ながら戦災で焼けたり、破損等して、完全な形で残っている物は三つのみとなりました。そのうち二つは、現在名古屋市博物館で保管されています。もう一つ、大中脇屋敷馬標及馬道具は、荒子観音に隣接する荒子集会所に所蔵されており、第1・第3土曜日の午後1時から3時に公開されています。これらは、名古屋市有形民俗文化財に指定されています。ぜひ一度、その豪華さをご覧ください。

荒子城

荒子観音から南西方向に200mほど歩いて行くと権現公園があり、その横に富士権現社・天満社があります。この地が荒子城の跡地と伝承されています。境内に「前田利家卿誕生之遺址」と刻まれた大きな碑が建っています。

前田家はこの地域の土豪であり、前田利家の祖父利隆の時に荒子を支配しました。そして父、利昌が天文年間に荒子城を築いたといわれています。その後兄利久、利家、息子の利長が在城していました。利家は織田信長に仕え、多くの合戦で軍功をあげ、1575年（天正3）に佐々成政《さっさなりまさ》・不破光治とともに、府中三人衆として越前府中（福井市）におかれ、柴田勝家の目付役となりました。

利家は、その後1583年（天正11）賤ヶ岳《しずがたけ》の戦いで加増されて金沢（石川県）に移り、加賀百万石の礎を築きました。秀吉の晩年には五大老の一人に名を連ねるなど活躍しましたが、1599年（慶長4）大坂城で亡くなりました。

現在前述した碑以外は、荒子城の痕跡を残すものはありませんが、ぜひ立ち寄って戦国ロマンに浸ってみませんか。

さて、少し寄り道をしてしまいましたが、もう一度佐屋路に戻って、先へ進みましょう。

岩塚から砂子

岩塚　きねこさ祭　庄内川　万場　国玉神社　新川

近鉄烏森駅付近をさらに西へ。現在ＪＲと近鉄は高架となりました。この線路付近にはかつて松並木が数本のこっていて街道の名残を伝えていましたが、近年姿を消したようです。烏森の八幡社には、かつて佐屋路から名古屋城下への近道となる柳街道の道標が移され燈籠の竿になっています。街を通り抜け、御田《みた》中学校を過ぎると、岩塚の街に入ります。

岩塚

岩塚はかつて岩塚宿があった街です。岩塚石橋の信号を超えると、かつての宿を思い起こさせるような家もちらほら。行基作の地蔵菩薩（非公開）を本尊とする光明寺や岩塚城の跡地遍慶寺《へんきょうじ》といった見所もあります。

佐屋路には、この岩塚をはじめ、万場《まんば》、神守《かもり》、佐屋の四つの宿がありました。実は当初、1634年（寛永11）に、万場村と同時に宿駅に設定されたのは、庄内川の対岸、岩塚のさらに西にある砂子村でした。その3年後、1636年（寛永13）に、万場村の村民を岩塚に移住させて町並みをつくり、砂子からこの岩塚へ宿が移されました。このような経緯とともに距離も近いため、開設当初からある万場宿と岩塚宿は合わせて一宿として機能するようになり、月の前半の15日は万場宿が人足の継

烏森駅付近のかつての松並木（1990年代）日下英之氏提供

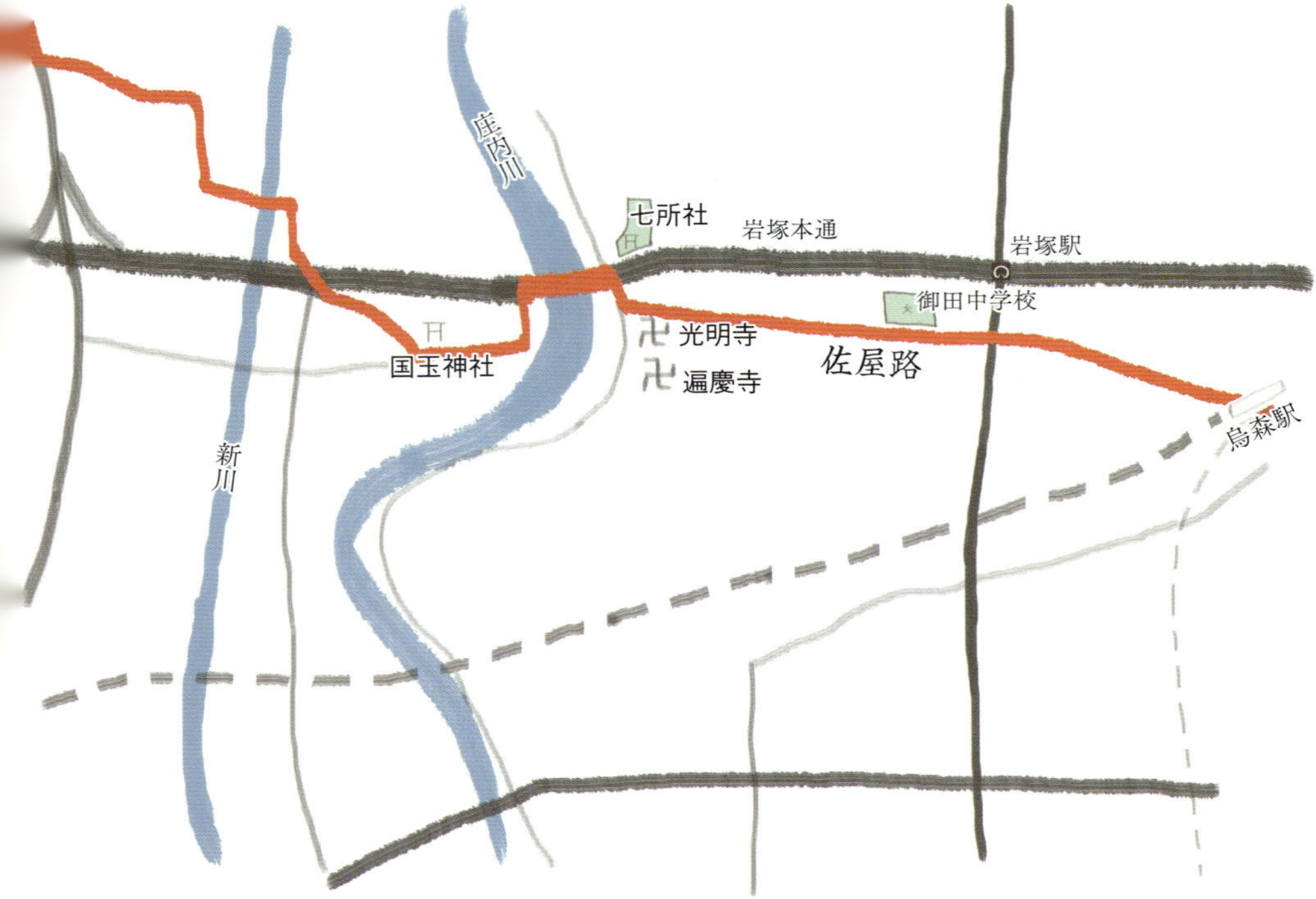

庄内川
七所社
岩塚本通
岩塚駅
御田中学校
光明寺
遍慶寺
佐屋路
国玉神社
烏森駅
新川

七所社

岩塚宿付近の現況

きねこさ祭　佐屋路をゆく古式行列

光明寺

きねこさ祭　役者の総まわり

立や休泊の役を勤め、後半の15日はこの岩塚宿が勤めました。

1843年（天保14）頃の様子を記した『佐屋路宿村大概帳』という史料によれば、岩塚宿には、本陣が一軒、脇本陣はなく、旅籠が七軒あったといわれています。

きねこさ祭

光明寺を過ぎて、庄内川堤防の手前を右折すると、岩塚本通に出ます。万場大橋の下を北へ抜けると七所社《しちしょしゃ》にでます。七所社は、日本武尊《ヤマトタケルノミコト》を祀り、境内に八剣宮・高座宮・大福田祠・日割祠・氷上祠・源太夫祠の七柱をお祀りしているため、七所社と称します。すべて熱田の神様であることも興味深いところです。

本殿造立の棟札より、1425年（応永32）に岩塚城主吉田守重が修造したことがわかり、その歴史を感じさせられます。境内には、岩塚の地名の由来ともなった古塚や日本武尊が腰掛けたといわれる腰掛岩も伝わっています。

この七所社は、熱田神宮の歩射神事、尾張大国霊神社のはだか祭りと並んで尾張を代表する奇祭の一つと

七社明神　田祭（『尾張名所図会』前編第５巻）愛知県図書館所蔵

いわれるきねこさ祭が、毎年旧暦正月17日に実施されます。名前からして奇祭感が強いのですが、何でも祭りに使う道具である「きね（杵）」と「こさ（杵からこすり落とした餅の意）」に由来するとのことです。

この祭りは、大きく「川祭り」「古式行列」「神事」に分けられ、豊凶を占う行事と、豊作祈願の田遊びや田楽の面影を残す祭礼です。祭りの主役をつとめる役者が、庄内川の中程で、持参した笹竹を立て、一人が登り、竹の倒れた方角でその年の吉凶を占うという「川祭り」が有名です。そのあと、夕方から夜になると、きねとこさを使って田遊び・田楽の要素が入った「神事」が催されます。その道具に触れると厄除けになるとかで、大勢の人が役者に群がる光景も圧巻です。ぜひ一度はみておきたい祭りですね。

庄内川

庄内川は、岐阜県恵那市の夕立山《ゆうだちやま》を水源とする川で、かつて山田庄の内を流れていた川ということで庄内川と称するようになったといわれています。昔から庄内川流域は水害が多発し、流域の住民をかなり悩ましてきたといわれています。１７７９年（安永8）の水害によって洗堰《あらいざき》が設けられ、新川が開削されるに至りました。

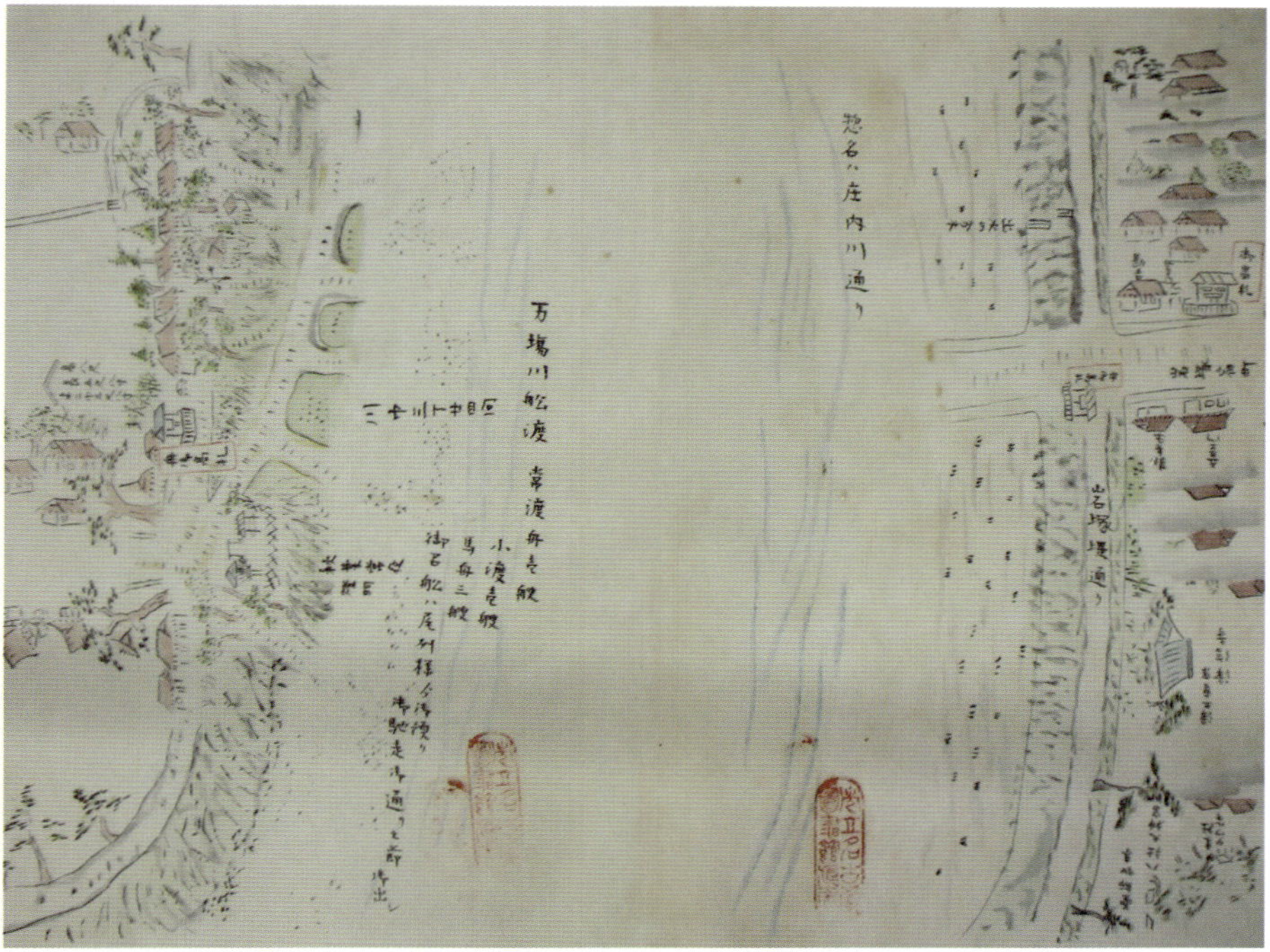

万場の町並み（『佐屋海道図会』）名古屋市鶴舞中央図書館所蔵

万場の渡し付近から万場大橋を望む

万場

万場《まんば》の渡しで庄内川を渡ると、万場の宿に入ります。現在は渡しがありませんので、万場大橋を渡りましょう。万場大橋を渡りきり右岸堤防を南に下ると堤防沿いの秋葉神社があります。ここにはかつての渡しの跡を語る常夜燈があります。そこから堤防を下り、街道を西へ進むと国玉《くにたま》神社に出ます。

国玉神社

国玉神社は、『延喜式神名帳』の海部郡のところで名を連ねる、いわゆる式内社です。何でも稲沢市にある尾張大国霊神社を勧請したという説もあるとか。付近には、あの織田信長と斎藤道三の娘濃姫が接見したといわれる、富田の聖徳寺の山門を移築したと伝承をも

万場川船渡し（『尾張名所図会』前編第７巻）愛知県図書館所蔵

万場の渡し跡の常夜灯

国玉神社

つ光圓寺《こうえんじ》・境内の乳の木の実を食べたら乳の出が良くなったという伝説をもつ「ちちの観音」覚王院もあります。お見逃しなく。

国玉神社を過ぎ、名古屋高速道路下の万場交差点で広い県道に出て、大治《おおはる》町へと入っていきます。道は細く、鉤《かぎ》型に曲がる旧道の面影を残しています。新川にかかる砂子橋の手前で急な坂になり、少々息がきれてきます。

新川

新川は、江戸時代に開削《かいさく》された川です。庄内川の水害を被ることが多かった流域の村々にとって、庄内川の治水問題は重要な課題でした。尾張藩士水野千之右衛門《みずのせんえのもん》は、時の尾張九代藩主徳川宗睦の認可を得て、１７８４年（天明４）新川開削工事に着手、１７８７年（天明７）に完成しました。この功績を後世に伝えるため、北名古屋市内の新川右岸堤に

新川

水野千之右衛門顕彰碑

水野千之右衛門顕彰碑が造られました。この工事によって、いかに多くの人々が救われたのかがうかがえます。

この新川開削より以後名古屋の水害は減りましたが、その代わりに新川流域付近の地域が水害を被るようになりました。近代以降、堤防の改修、排水機の整備がすすめられましたが、かつて遊水池《ゆうすいち》として機能していた地域を埋立て、開発をすすめたことにより、流域近辺においては、２０００年の東海集中豪雨の際には大きな被害を受けたことは記憶に新しいでしょう。

諸鍬神社
千手寺
満成寺
日光橋
市川柳助碑
穂歳神社
吉祥寺
憶感神社
養源寺
神守の一里塚
神守町下町
神守町
あま市七宝焼
アートヴィレッジ
藤嶋神社
七宝焼原産地
道標
七宝庁舎北
弓掛松
圓長寺
明眼院
光暁寺
大治南小学校
自性院
十二所社
七所神社
砂子橋
佐屋路
日光川
蟹江川
八幡社
龍照院
富吉建速神社・八劔社
東名阪自動車道
蟹江駅
蟹江町歴史民俗資料館
蟹江城址公園
山口家住宅
近鉄蟹江駅
新川
庄内川

砂子から神守

自性院　十二所神社と栗田直政　明眼院　光暁寺　圓長寺　松葉城　藤嶋神社　下之森オコワ祭
七宝焼原産地の道標　あま市七宝焼アートヴィレッジ　弓掛松　須成祭
蟹江歴史民俗資料館　蟹江城　山口家住宅　大宝排水機場

新川に架かる砂子橋を渡り終えると、砂子です。

砂子は、佐屋路が開設された当初、宿場が置かれていました。まもなく岩塚に移されましたが、町並みには、その風情がのこっています。

しばらく進むと、高札場のある交差点に到着します。

自性院

自性院

平安時代、現在の大治町・あま市にかけて広域な荘園がありました。冨田荘です。荘園の全域を描いた「尾張国冨田荘絵図」が残されており、その中央に「成願寺」という大きな棟が描かれています。このお寺が北野山自性院成願寺です。

縁起によると702年（大宝2）、行基が開基した、文武天皇の勅願寺《ちょくがんじ》として絵図の場所に寺がありました。989年（永祚元）、大風で堂塔が倒壊し、勅命により再建されましたが、荒廃の一途をたどりました。その後、1194年（建久5）、北条時政が上洛するときに、逗留した際、堂舎を造営し寺領も寄進したそうです。しかし、再び災害にあい、往時は三ヶ寺あった寺が廃止され、自性院のみ残り現在地に移転しました。とても古い歴

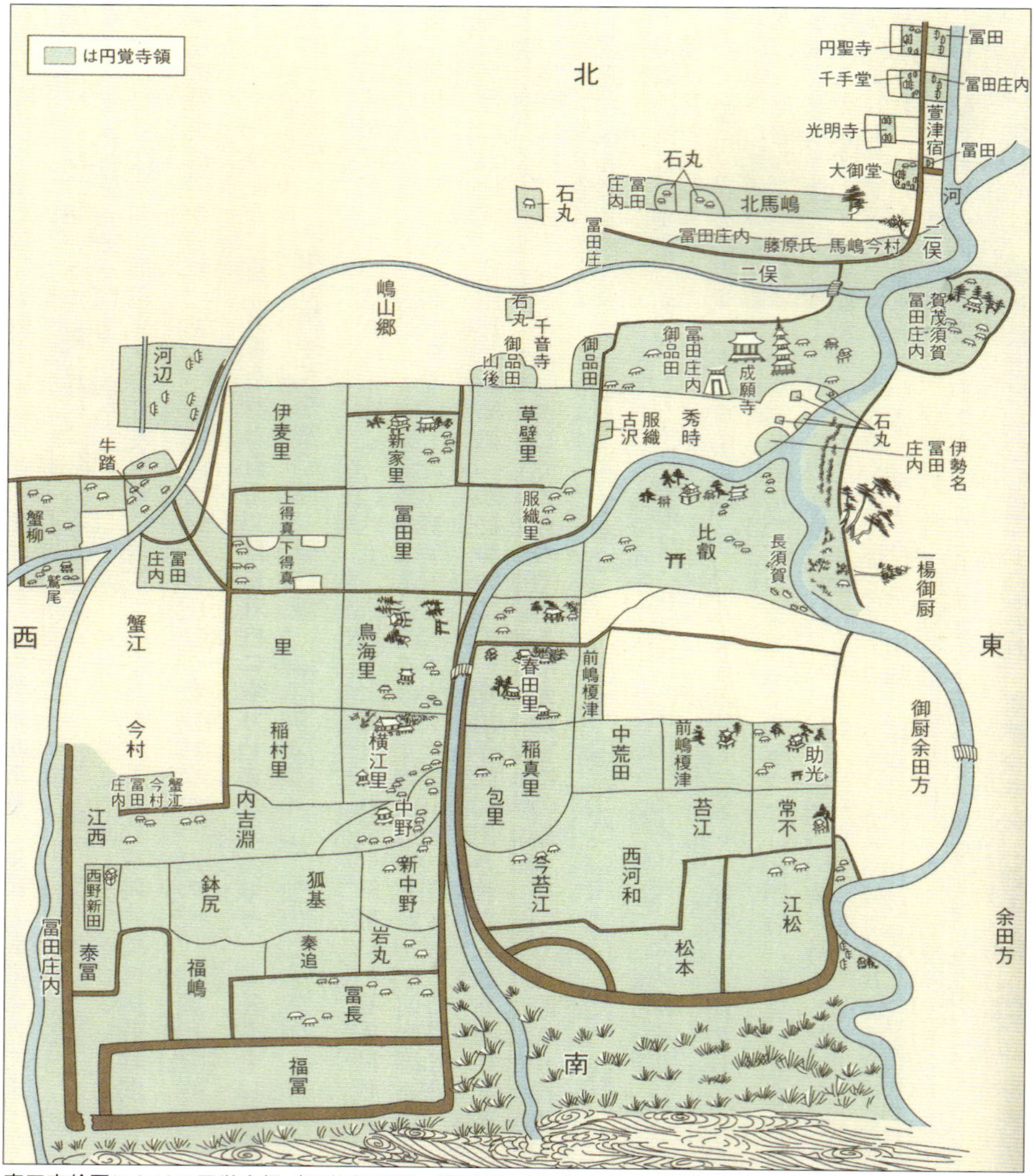

富田庄絵図における円覚寺領（円覚寺所蔵）（『愛知県史』通史編 二 中世一の図を転載）

栗田直政紀念碑

十二所神社

稲荷社脇の明眼院への道

明眼院道標

史のある寺です。

門をくぐると、脇でお地蔵さんが迎えてくれます。大須観音（宝生院）の末寺で、真言宗智山派に属し、本尊は薬師如来像。本堂に手を合わせ次のポイントに足を運びましょう。

十二所神社と栗田直政

自性院の駐車場のすぐ東に十二所神社があります。南を望むと、先ほど見た鳥居があります。そこに建てられているのが、尾張の国学者として知られる栗田直政《くりたなおまさ》の記念碑。彼は、ここの神官の子に生まれましたが、国学者を志し、のちに尾張の藩校明倫堂の教授となりました。

直政は、30歳頃に源氏物語の解説書『源氏物語遠鏡』を書き、全国的に知られることとなりました。

このあたりは、佐屋路の辻にあたります。社寺も点在し、多くの人々が行き交っていました。

この辻を西に向かうと、稲荷社が見えてきます。その脇を南北に走る道がありますが、この道は明眼院《みょうげんいん》に続いており、かつては、ここに道標が建てられていました。現在、道標は大治南小学校の校門前に移設されています。

しばらく進み国道３０２号線を

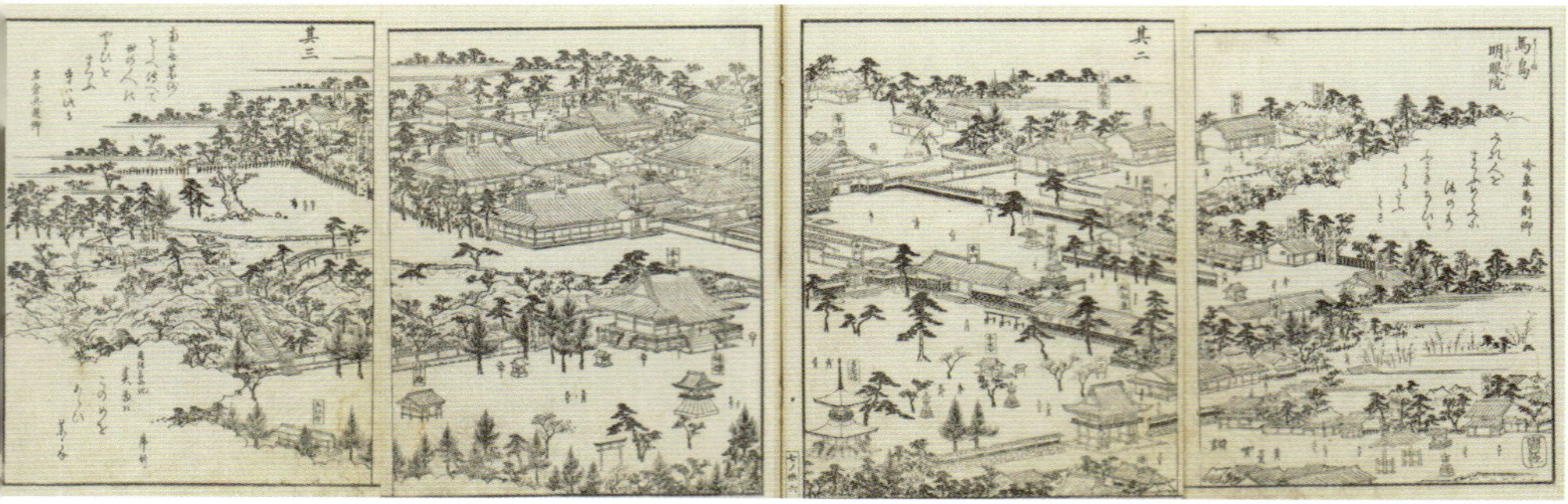

馬島明眼院（『尾張名所図会』前編第７巻）愛知県図書館所蔵

越えると、中川区との境。道を挟み左に中川区の七所神社が見えてきます。このあたりが千音寺一里塚のあったところです。現在は、看板のみがのこっています。

明眼院

佐屋路沿いの道標があった場所から15分ほど北に歩くと、明眼院に着きます。明眼院は、802年（延暦21）に「安養寺」の名で創建された天台宗寺院です。元弘・建武の乱で焼失しましたが、1356〜1357年（延文元〜2）、清眼僧都が薬師如来の夢告により授けられた眼病治療の医学書をもとに、日本初の眼病治療院として開かれました。後水尾《ごみずのお》上皇の皇女・桃園上皇の皇子の目の病を見事治してみせたそうです。その功績により、「明眼院」の寺号を賜り、勅願寺《ちょくがんじ》となりました。境内には、全国からの患者を受け入れるための入院棟が建ち並びはじめます。歴代尾張藩主の崇敬篤く、小堀遠州《こぼりえんしゅう》や国学者本居宣長《もとおりのりなが》の息子・春庭《はるにわ》らもここで治療を受けたといわれています。

しかし、明治に入ると、医制の改訂により、治療をおこなっていた僧たちは、寺を出て医師免許を取得して医者となるか、医術を捨て僧に専念するかの選択を迫られ、多くは治療技術を生かす道を選び、現在全国にある馬島《まじま》流眼科の祖となりました。

後水尾天皇・桃園天王勅願所

境内の裏側に広がっていた庭園は、小堀遠州作と伝わり、花々が咲き乱れる築山で憩う人々の姿が、江戸時代の『張州勝藍開帳集《ちょうしゅうちょうらんかいちょうしゅう》』に描かれています。開帳にあわせて、茶屋が設置され、庭園の公開もされていました。四季折々、さまざまな見所があ

明眼院御開帳（『張州勝藍開帳集』）名古屋市博物館所蔵

旧多宝塔

り、多くの人々を楽しませました。門に立つ仁王像と多宝塔の大日如来坐像は鎌倉時代の作でともに町指定文化財、本尊の薬師如来坐像は室町時代の作といわれています。円山応挙《まるやまおうきょ》が襖《ふすま》絵を描いた書院は現在東京国立博物館に移築され公開されています。旧多宝塔は２０１４年（平成26）10月に国の登録有形文化財に登録されました。

明眼院を出て、「後水尾天皇・桃園天王勅願所」と記された石碑のある角を西に曲がりましょう。現在の県道名古屋津島線に沿って３００ｍほど歩くと、西条のバス停留所の手前の三差路にでます。ここから北上する道（県道西条清須線）がかつての柳《やなぎ》街道です。柳街道は、甚目寺《じもくじ》観音を経由し、清須へ続く街道でした。

光暁寺　圓長寺　松葉城

この柳街道を進んでいくと、大きい寺院が見えてきます。光暁寺《こうぎょうじ》と圓長寺《えんちょうじ》です。

光暁寺は１１９１年（建久2）に建立されたといわれています。元は天台宗寺院で長福寺と称していましたが、のち浄土真宗本願寺派に転派し、１７１６年（享保元）には光暁寺と改称

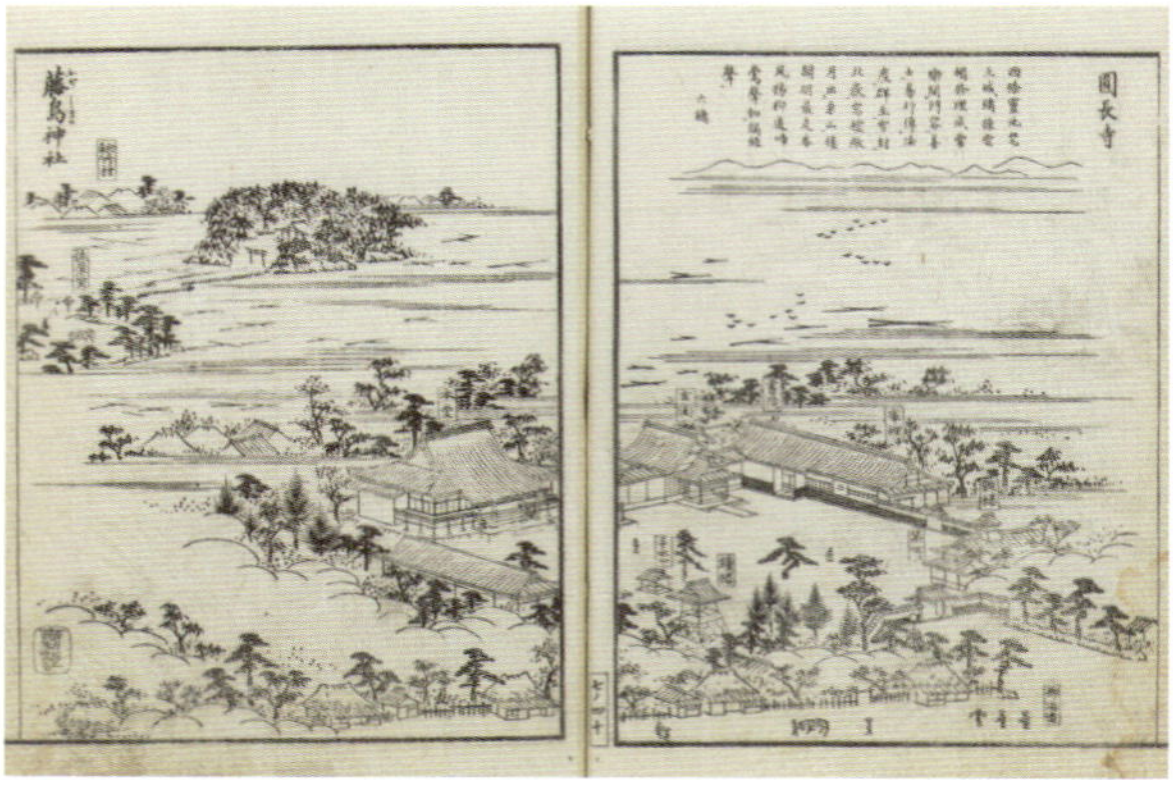

圓長寺　藤嶋神社（『尾張名所図会』前編第７巻）愛知県図書館所蔵

しました。境内には幕末から明治にかけて活躍した学者森村大朴の碑がのこっています。

この光暁寺の北にあるのが圓長寺です。圓長寺は、860年（貞観2）創建と伝えられ、かつては七堂伽藍、塔頭も十六坊を擁する大寺であったといわれています。江戸時代には尾張藩の保護をうけ、藩主の鷹狩りの際には休憩所として利用されたそうです。『尾張名所図会』に描かれた境内図で当時を偲ぶことができます。

また、詳細はわかりませんが、この圓長寺周辺に松葉城があったと伝えられています。松葉城は天文年間には織田伊賀守の居城だったようです。しかし萱津合戦で織田信長に攻められ、廃城となりました。現在では田園風景がひろがり、かつての面影はまったくありません。

光暁寺

森村大朴の碑

下之森オコワ祭

藤嶋神社

藤嶋神社

再び佐屋路に戻り、福田川を渡るとあま市に入ります。秋竹の交差点から北に入るとすぐに見えてくるのが、式内社の藤嶋神社です。藤嶋神社は、古くから安産の神様として信仰されています。妊婦さんが境内で両目をつぶって落ち葉を拾い、裏だったら男の子、表だったら女の子というように、生まれてくる子どもの性別占いをしたといわれています。

下之森オコワ祭

街道からは南にかなり外れますが、あま市七宝町下之森では「オコワ祭」という珍しい祭りがおこなわれます。この祭りは、毎年2月11日に下之森の八幡社で開催されています。国の「記録作成等の措置を講ずべき無形の民俗文化財」に選定されており、またあま市の無形民俗文化財にも指定されています。

まず、桶に入れたオコワを縄で包み、両端に付けた紐を厄年の男性が中心となって持ちます。二人で振り回しながら「オコワ石」と呼ばれる専用の石に叩きつけます。何度か繰り返されるうちに、桶が割れ、餅状になった桶の中のオコワを奪い合います。このオコワを食べると夏病みしないといわれています。

七宝焼原産地の道標

七宝焼原産地の道標

街道に戻り、津島方面に進んでいくと、七宝庁舎北交差点北角に「七宝焼原産地　遠島《とおしま》」の道標があります。あま市の指定文化財史跡で、1895年（明治28）に建てられました。碑の上部にはローマ字で、「Shippoyaki Toshima」と記されています。これは、当時外国人が直接この地に七宝焼の買付けに訪れていたことを物語っています。

第二次世界大戦後、七宝焼をお土産物とするため進駐軍が多く来訪しました。それに備えて、遠島地内では一部道幅が拡げられており、現在でも当時のままの道幅が残っています。地元の方々は、この道を連合国軍総司令官の名前をとり「マッカーサー道路」と呼んだそうです。

あま市七宝焼アートヴィレッジ

あま市七宝焼アートヴィレッジ

道標を北上すると、「あま市七宝焼アートヴィレッジ」に到着。

七宝焼とは、愛知県を代表する伝統的工芸品の一つで、金属の素地にガラス質の釉薬《ゆうやく》を焼き付けてつくられます。江戸時代の終わり頃に海東郡服部村《はっとり》（名古屋市中川区）に住んでいた梶常吉によって、その製法が解明されて以後、広く知られるようになりました。梶常吉から技術を伝授され、この地域では七宝焼が盛んにつくられてきました。

七宝焼アートヴィレッジでは、全盛期である明治時代の作品を中心とした七宝の名品観賞や、七宝焼の制作工程の見学、七宝焼のアクセサリー類の制作体験が気軽に楽しめます。

弓掛松

弓掛松

再び佐屋路に戻り、街道に沿って歩を進めていくと、下田に入ります。下田のバス停付近から側道に入ると、「弓掛橋」と呼ばれる橋があります。この弓掛橋の名前は、旧跡として知られる「弓掛松」にちなんで付けられました。

須成祭　朝祭

弓掛の松とは、源義経《みなもとのよしつね》が京に向かう途中に、この地の大松に弓を掛けて軍勢を休ませたという伝説の松です。『佐屋路分間延絵図』にも「弓掛松旧跡」として描かれています。ここから義経が放った弓矢が百町飛んだともいわれており、その矢が落ちた場所は、百町《ひゃくちょう》（津島市）と呼ばれ「矢落塚」がのこっています。

現在の松は、有志によって植えられた五代目の松です。ただし、私有地のため、立ち入りは難しいのでご注意ください。

須成祭

下田から南下すると須成《すなり》（蟹江《かにえ》町）に入ります。まちの中央を流れる蟹江川の須成公民館沿いに一風変わった橋が架かっています。御葭橋《みよし》といって、櫓にワイヤーと滑車を掛けることによって、橋桁《はしげた》が上がる可動橋になっています。なぜそのような構造になっているかというと、夏におこなわれる須成祭の船を通すためです。

須成祭は、御葭橋から少し上流にある天王橋の袂にある、冨吉建速神社《とみよしたけはやじんじゃ》・八剱社の祭礼で、400年あまりの歴史があるとされています。毎年8月第1土曜と翌日曜におこなわれる「宵祭」「朝祭」では、祭船が御葭橋の下流の飾橋から天王橋まで運航します。そのため、中間に架けられた御葭橋は祭りの時にだけ上げられるようにされ、船が橋を通過する場

須成祭　宵祭

須成祭ミュージアム

面は祭りのみどころとなっています。

　須成祭は、宵祭や朝祭の前後にも数々の行事が約100日間にわたってあることから、別名百日祭りとも呼ばれています。朝祭の1週間前には、白装束を身に付けた若衆が小舟に乗って川を下りご神体となるヨシを刈りに行く「葭刈」があり、朝祭翌日の早朝には災厄を神葭《みよし》に託して流す「神葭流し」がひっそりとおこなわれます。その後、10月下旬まで神社の境内に設けられた棚に神葭が祀られるので、秋に訪れた際にはぜひ参拝していただきたいところです。

　一連の行事は、2016年（平成28）に「山・鉾・屋台行事」の一つとしてユネスコ無形文化遺産に登録されました。これを記念して天王橋の西には2018年（平成30）5月オープンの須成祭ミュージアムもあるので、併せて見学してみてはいかがでしょうか。

蟹江町歴史民俗資料館

蟹江町歴史民俗資料館は、蟹江町産業文化会館内にありま

蟹江城

蟹江町歴史民俗資料館

す。蟹江城に関連した展示のほか、蟹江町の歴史についても知ることができます。月曜日休館、開館時間は午前9時から午後5時です。

蟹江城

蟹江町歴史民俗資料館を南に入ると蟹江城址公園があります。現在は石碑のみとなりましたが、かつて蟹江城・大野城の戦いの際に合戦の舞台となった蟹江城があった場所です。

蟹江城は永享年間（1429－1440）に北条時任により築城されました。当時の蟹江は海に面しており、また周囲を流れる河川を通じて尾張地域の内陸部まで船を進めることのできた水上交通の要所でした。蟹江城は戦国時代には本丸・二の丸・三の丸を三重の堀で囲み、河口港も備えた城であったようで、大野城（愛西市）、前田城（名古屋市）、下《しも》市場《いちば》城（蟹江町）という三つの支城を擁していました。

1584年（天正12）、織田信長の息子信雄《のぶかつ》と徳川家康が手を結び、秀吉と対峙した「小牧・長久手の戦い」の一連の戦いの中でおこなわれたのが、蟹江城・大野城の戦いです。

長久手の戦いで織田・徳川連合軍に敗れた秀吉は、信雄方の居城である蟹江城に目を付け、城守である佐久間正勝が城を留守にした間に蟹江城および前田城、下市場城を陥落させましたが、大野城は山口重政の奮闘により、織田・徳川連合軍が集結、豊臣方の手に落ちた蟹江城、前田城、下市場城を奪還するに至りました。

江戸時代、江村専斎・伊藤宗恕《そうじょ》が記した『老人雑話《ろうじんざつわ》』によれば、「志津ヶ嶽の軍は、太閤一代の勝事、蟹江の軍は東照宮一世の勝事なり」と述べられており、この戦いが家康にとっていかに重要なものであったかを物語っています。

山口家住宅

飛島村大宝排水機場保存館

山口家住宅

さらに近鉄蟹江駅方面に足をのばすと山口家住宅があります。

山口家は、天正年中（1573－1591）、武士であった山口善右衛門がこの地に移り住んだのが始まりです。当時は蟹江城の南にあり海に面していたといい、この辺りは数年前まで海門《かいもん》という地名で呼ばれていました。江戸時代にはこの地方の惣庄屋をつとめた家で、現在母屋はもちろんのこと表門や名古屋の表千家十一世碌々斎の直門である吉田紹敬《じょうけい》による茶室は国の登録有形文化財になっています。個人住宅であるため、通常は一般公開されていませんのでご注意を。

大宝排水機場

海部地域は土地が低く水害も多いため、排水問題が重要な課題でした。

大宝《おおだから》新田（飛島村）も、溜水問題に長年苦しめられてきましたが、1906年（明治39）に大寶陣が自費にて当時最新鋭のドイツ製ポンプ二台を購入したことにより、長年大宝新田を悩ませていた排水問題は解決に至りました。現在でもこの排水機は残されており、「飛島村大宝排水機場保存館」で見ることができます。蟹江町より西尾張中央道を南へ向かい、筏川へと架かる新筏川橋手前の重宝交差点角にありますが、普段は閉鎖されているため、見学には飛島村教育委員会生涯教育課への連絡が必要です。また周囲には駐車場がないため、もし自家用車で来館される場合には、ご注意ください。

【コラム】

蟹江鈴木家と海部地域の新田開発

蟹江本町の鈴木家といえば、近世・近代を通じて海部地域随一の名家でした。何でも祖先が 1584 年（天正 12）の蟹江合戦に参戦後、蟹江本町に屋敷を構えたのが始まりだといわれています。

江戸時代、鈴木家は代々「四郎左衛門」を襲名し、土豪としての勢力を拡大しました。その背景には尾張藩との密接な関係があったようです。中でも五代重直の時代には、尾張藩の命により「留木御用」を勤めました。当時尾張藩が領有していた木曽から切り出された木材が途中で流失した際の回収・管理をしていました。鈴木家は、1680 年（延宝 8）に鳥ヶ地《とりかんじ》前新田（弥富市）開発に着手しています。新田開発や買得によって多くの土地経営をおこなう大地主でした。彼の所持した新田は、鳥ヶ地前新田の他、鎌島新田、西蜆新田・森津新田・松名新田・芝井走新田（いずれも弥富市）、西野新田・西之森新田・福田新田（いずれも蟹江町）、茶屋新田（名古屋市）など、広範囲に及びました。明治時代以降は鈴木から「蟹江」へと姓を改め、貴族院議員や蟹江町長等を勤め、「蟹江さま」として地域で敬われました。

海部地域の新田の多くは、干拓によって開発されました。これは干潟などに堤防と水門を築いた後、水を抜いて陸地とする方法です。海に面した新田では、干潮時に水門を締め切ることで堤防内を陸地にしました。

新田開発には、藩への敷金の上納、労働力や資材の確保、用水排水路の整備など、多額の資金が必要となりますが、開発成功後の数年間は年貢免除となるため、その間に投資額を回収できれば、それ以降は毎年利益を上げることができました。新田開発は完成すれば多大な利益を生む一方で、堤防が破損・決壊することで海水が流入して荒廃してしまい、せっかく開発した新田を手放さなければならなくなる場合もありました。（花井昴大）

水郷蟹江絵はがきより
（蟹江停車場・蟹江本町通）

【コラム】

水郷地帯の郷土料理と調味料

佐屋路より南の海部南部一帯は、木曽川下流域の海抜ゼロメートル地帯であり、かつては水路が縦横に走る海辺の水郷地帯でした。今は都市化が進み、そのまちなみからは水郷の面影が消えつつありますが、郷土の食文化にその名残が残されています。

もろこずし、ふなみそ、いな饅頭などの川魚料理がそれです。もろこずしは、淡水の小魚であるモロコを甘露煮にしたものをのせた押し寿司で、甘辛い味付けとほろ苦いモロコの風味が酢飯とよく合う一品です。今でも郷土料理として地元の田舎寿司を扱う店や道の駅で求めることができます。

ふなみそは、名前のとおりフナを大豆等とともに味噌でじっくり煮込んだ料理で、冬のおかずの定番でした。長時間煮込む必要があるため最近家庭から消えつつあります。しかし、季節になると地元の魚屋さんやスーパーで売られることもあります。ぜひ味わってみてください。

いな饅頭は、ボラの幼魚であるイナを使った料理です。明治時代に蟹江町の料亭が考案したとされ、ちょっと趣向をこらした名物料理として知られています。この料理は、特殊な包丁を使い、腹に切れ目を入れずにイナのエラから背骨とはらわたをとり除いたあと、ゆずの風味をきかせた調理味噌を腹に詰めて焼いたもので、一見普通の焼き魚にしか見えないですが、食べてみてその技と味に感嘆させられること間違いなしです。腹に詰めた味噌を餡、イナの身を皮に見立てて「いな饅頭」と名づけられました。蟹江町内の数軒の料亭で扱われており、10月から3月にかけての期間に予約すれば食べられます。

海部地域は、木曽川の恩恵を受け、美味しい水とその水で生育した米、豆作りが盛んで、酒はもちろんのこと、みりんや味噌といった製品を生産するいわゆる醸造業が発達した地域でした。酒、みりん、味噌といった調味料は、川魚料理を調理するうえで、臭みを消したり旨みを引き立てたりする役目を果たすだけでなく、見た目も美しく仕上げるのにも一躍買っているのです。

現在も、この地域では、酒造では、山忠本家、水谷酒造、渡辺酒造、青木酒造（愛西市）、鶴見酒造（津島市）、甘強酒造（蟹江町）等銘酒が数多くあります。みりんは甘強酒造（蟹江町）、味噌は佐藤醸造（あま市）等が製造・販売しています。

もろこずし

いな饅頭

これらの調味料の多くは、昔ながらの製法でつくられており、郷土の味を支えています。この地域伝統の川魚料理は、水郷の食材とそれに合う調味料によって生み出され、今に伝えられているのです。（大野麻子）

神守から埋田追分

神守の一里塚　神守宿　石原正明　吉祥寺　憶感神社　市川柳助　諸鍬神社　諸桑廃寺
諸桑の古船　八竜遺跡

神守の一里塚

神守の一里塚

　下田からかなり道がそれてしまいましたが、また佐屋路に戻り、歩をすすめていくと、西尾張中央道の神守《かもり》町の交差点に出ます。この交差点を渡ると、道の両側に神守の一里塚跡がみえてきます。北側の塚は今でも小山になっていて、ムクの木が茂っているのがよくわかります。ただし、南側は民家の庭になっていて、通りからその姿を見ることはできません。寛文年間（1661〜1672）に設けられたと推定され、当時の大きさは北側が東西7・3m、南北6・7m、高さ1・5m、南側が長径5・5m、短径4m高さ1・4mの小山で、エノキが植えられていたようです。現在では車通りが多く、街道の面影はうかがえません。ただ、この北塚のみが往時の面影をのこすのみです。

　神守の一里塚からさらに西に進み、神守町下町の交差点の北東の角には、尾張津島秋まつりに曳かれる神守南町の山車蔵があります。その角を北へ曲がると、佐屋路の神守宿です。かつてはバスも通る道だったそうですが、現在は県道が造成され、車通りも少なくなりました。

神守宿

神守宿場跡道標

神守宿　石原正明

神守宿は、佐屋宿と万場宿の距離が長く大変だということで、1647年（正保3）に設置された佐屋路の中でも最も新しい宿場です。1843年（天保14）には本陣1軒、旅籠屋12軒がありました。現在、漆喰塗籠の経蔵が立派な養源寺や神守中町の山車蔵、憶感神社の付近に町家の趣を伝える家がのこっています。

この神守宿は、江戸中期の国学者・石原正明《いしはらまさあきら》の出生地でもあります。石原正明は、豪農石原文右衛門の次男として、幼少期より漢学を学び、本居宣長に入門した後、塙保己一の元で『群書類従《ぐんしょるいじゅう》』の編纂に携わり、和学講談所の塾頭となりました。

吉祥寺　憶感神社

神守宿内の宿場跡が偲ばれる風景をみながら街道を進むと、「神守の宿場跡」という道標が目に飛び込んできます。それを東に折れると、正面には憶感神社と吉祥寺が。憶感神社は『延喜式神名帳』にも記載されている式内社で、龗神《おかみのかみ》という雨の神様が祀られています。隣接する吉祥寺は、真言宗寺院で、『張

日光橋の旧親柱

憶感神社

日光橋の袂にある金子光晴生誕地の碑

州府志』によれば「北神守村にあり、憶感山と号し、真言宗蜂須賀の蓮華寺に属する」と書かれています。もともとは神守の北に位置する大木《だいぎ》（津島市）付近にあったのですが、神守宿の開設にともない1648年（慶安元）に現在の場所に移されたといわれています。

毎年10月第1日曜日におこなわれる秋まつりの際には、枝垂れ桜のような飾りを前方につけた山車がまちを練り歩き、この憶感神社と、佐屋街道をさらに進んだ北側にある穂歳《ほうとし》神社へからくりが奉納されます。

憶感神社から穂歳神社を通り過ぎ、まっすぐ西へ向かうと、越津《こしづ》町あたりで再び県道と合流します。越津は、江戸時代の中頃に栽培が始まった愛知の伝統野菜・越津ねぎの産地として知られています。この越津ねぎ、かつては幕府の献上品でもありました。

この日光橋の付近で、反骨の詩人・金子光晴《みつはる》は生まれました。1923年（大正12）、詩集『こがね蟲』を刊行、昭和に入ると詩集『鮫』、『人間の悲劇』、『詩人』などの反軍国主義、反体制的な作品を次々に発表しています。1975年（昭和50）、光晴は80年の人生の幕を閉じましたが、彼ののこした作品は今でも多くの人を魅了し続けています。

市川柳助　諸鍬神社　諸桑廃寺　諸桑の古船　八竜遺跡

日光橋を渡り、しばらく進むと愛西市諸桑《もろくわ》町にたどりつきます。この周辺一帯は、中世の日記『海道記』の世界を感じられる地域です。1223年（貞応2）4月、旅人は津島付近の景色について、ぼさぼさに乱れた髪の女が養蚕を営み、畑では翁が鋤をもって農業

諸鍬神社

市川柳助の碑

をしている。すぐそばには、子どもが、足を泥だらけにして遊んでいる…とつづっています。

日光橋のたもとから、５００ｍほど進むと、右手に「獅子舞開祖　市川柳助碑」と刻まれた石碑があります。市川柳助《りゅうすけ》は、この碑が建っている愛西市諸桑町の出身、獅子舞の名優で尾張の獅子舞を確立させた人物です。

市川柳助の碑の隣には、「式内　諸鍬神社」と記された社標があります。そこから佐屋路を右側に折れ、４００ｍほどのところに諸鍬神社があります。この神社は式内社で、祭神は養蚕の神、天諸羽命《あめのもろばのみこと》を祀っています。『尾張地名考』で津田正生《まさなり》は、「諸桑」の由来は「守る桑」とし、養蚕に必要な桑の栽培が盛んであったと解説しています。奈良県北葛城郡新庄町にも同じ「諸鍬神社」があります。これは、大和新庄藩初代藩主桑山一晴の布施入部とともに分祀されたものです。桑山氏は、尾張国桑山ノ庄（現在の諸桑町周辺）出身で、諸鍬神社を氏神として崇敬していました。

神社に隣接して真言宗智山派長龍山千手寺があります。諸鍬神社の社僧をつとめていた寺です。境内に入っていくと、神社とお寺が同じ敷地に在り、神仏習合の様相を感じられます。

諸鍬神社から東に進んだところには、満成寺《まんじょうじ》があります。現在では整備され面影はみられませんが、かつての満成寺の山門は蟹江城の門が移築されたものであったといわれています。寺域の一角に「丸木船発掘の地」と書かれた石柱があります。１８３８年（天保９）閏４月、川浚えの最中に大きく古い木を発見、掘り出してみると、巨大な丸木船でした。この事件はたちまち人に知られ、瓦版やいくつかの書物に紹介され、当時の一大ニュースとなりました。

満成寺付近には、文字瓦が出土した諸桑廃寺、陶製五重塔の破片が出土した諸桑古墳、

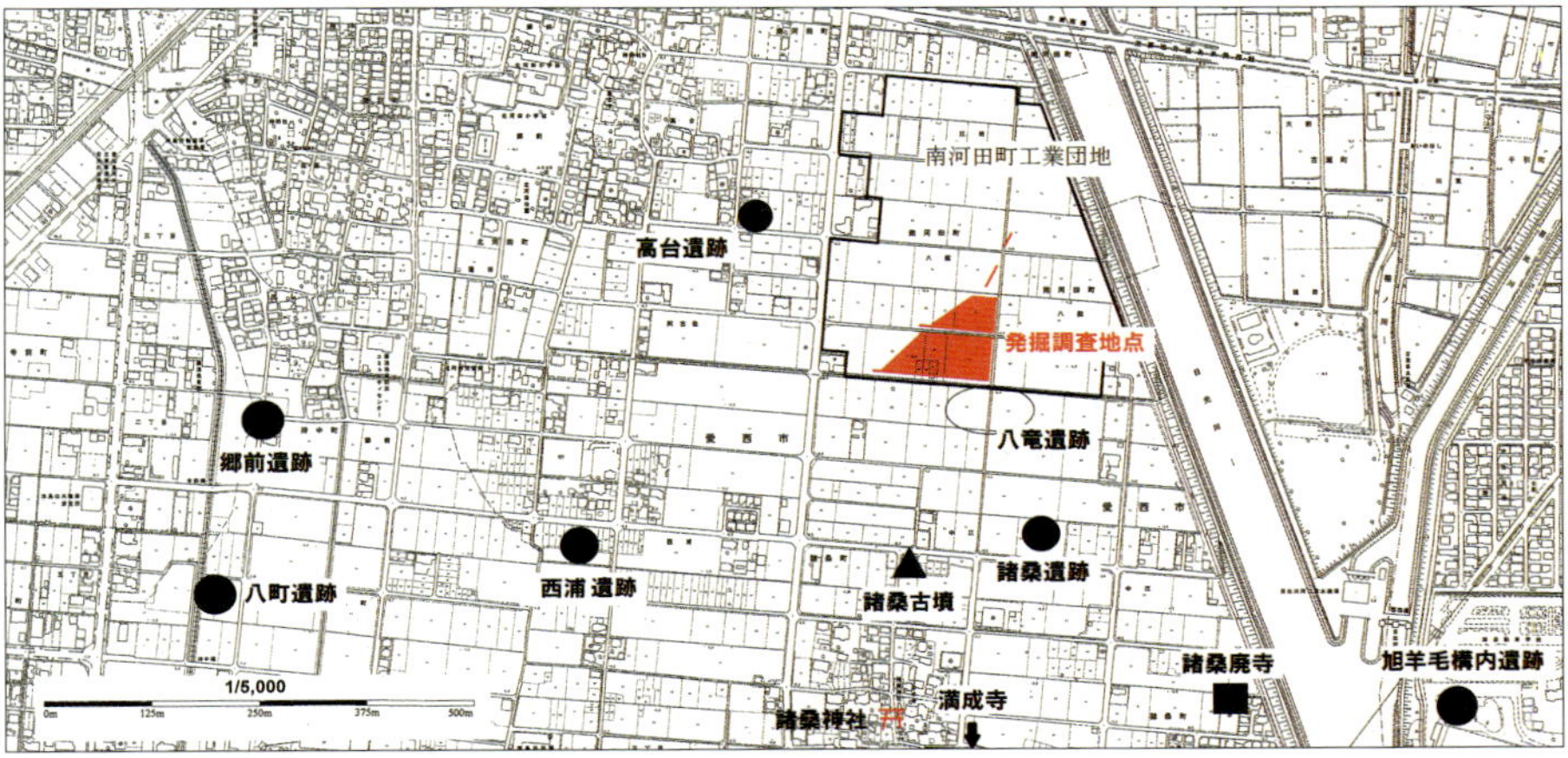

八竜遺跡の周辺地図（『八竜遺跡』愛西市、2016 から）

遺跡出土品　愛知県埋蔵文化財センター提供

さらに北側の日光川の脇辺りには八竜遺跡が広がっていました。八竜遺跡は、２０１４年（平成26）に、海抜ゼロメートル地帯においては初の本格的な発掘調査がおこなわれました。その結果13～14世紀の遺物が多く発掘されました。古墳時代の木を使用したくり物桶も出土しています。調査以前から、水神平式《すいじんびらしき》土器が発見されたことで有名であった八竜遺跡は、周辺の遺跡とともに、資料が少ない古代から中世の様子を解する手がかりとして注目されています。

かなり、横道にそれてしまったので、再び佐屋路に戻りましょう。

【コラム】

シーボルトがみた海部の光景

シーボルトは、ドイツの医師、博物学者として知られています。長崎滞在中に鳴滝塾を開設し、蘭学を教授しました。この塾には全国各地から入門者があったようです。高野長英や伊藤圭介もシーボルトに入門しました。1826（文政9）1月に、オランダ商館長の江戸参府に随行し長崎を出立したシーボルトは、下関、大坂、京都を経て、3月28日佐屋へ入りました。翌29日は佐屋を出発し佐屋路を名古屋方面に向かう途中、日光川を渡る際に次のように記録しています。

> われわれは手入れのゆきとどいた橋を渡り、日光川をこえて進んだ。この川はふたつの堤防の間の稲田より高い所にある川床を流れている。私は旅行中にしばしばこんなに高く積み上げられた堤防のある河川に気づいたが、そのために旱魃の襲ってくる時に水田の灌漑に心配ないばかりでなく、雨期や暴風雨の時に洪水も防いでくれるのである。
> 一般にこの地方は、運河が縦横に通ずるオランダの平坦な地方と共通な点が多い。
> （ジーボルト『江戸参府紀行』平凡社、1967年）

低地の光景、すなわち天井川や内川、堀田等、輪中地域独特の光景が描かれています。しかもそれはオランダの光景と類似していると、シーボルトが感想を述べていることは大変興味深い記述です。（石田泰弘）

上空から見た堀田（1976年ごろ）
現在の愛西市諸桑地区になった堀田を撮影したもの（日光川と目比川の合流するあたり）
河合孝氏撮影

埋田追分から佐屋

埋田追分　十王堂　興禅寺　大圡社　妙延寺　愛宕追分　日置八幡宮　明通寺　吉沢検校
小松検校　由乃伎神社　佐屋海道址　内佐屋子どもザイレン　佐屋宿　佐屋川　星大明社
東保八幡社のクロマツ　西條八幡社　勝軍延命地蔵　服部家住宅　焼田湊　ふたつやの渡し
弥富市歴史民俗資料館　愛知県埋蔵文化財センター　立田輪中人造堰樋門　森津の藤
三つ又池公園

埋田追分の一の鳥居（1911 年ごろ）津島市立図書館所蔵

埋田追分

街道に戻り、道の南側にこの地方を地盤として展開するヨシヅヤという大きなショッピングセンターを眺めながら、歩を進めましょう。埋田《うめた》町交差点の少し手前あたりに左へ分岐する道があります。これが往昔の佐屋路のルートなのですが、耕地整理、宅地造成等により途中進めなくなるので、ここは県道を進みましょう。埋田町交差点を渡り、道の北側に津島市役所の建物を眺めながら、「津島市役所前」のバス停を目印に、飲食店が立ち並ぶ間の道を左折し、すぐの道を右折すると佐屋路にでます。右折して間もなく大地主《おおところ》神社がみえます。大地主神社には市指定文化財明治天皇埋田御小用所跡があり、明治天皇がかつてこの道を通行したことを今に伝えます。そしてその先には埋田追分があります。ここには、かつて津島神社の一の鳥居が建っていましたが、１９５９年（昭和34）の伊勢湾台風の際に折れてしまい、現在は根石が残っ

津島街道
津島神社
国道155号線
妙延寺
興禅寺
埋田追分
津島市役所
佐屋路
大土社
ヨシヅヤ
大地主神社
津島高等学校
由乃伎神社
日置八幡宮
佐屋街道碑
日比野駅
明通寺
相江神社
佐屋代官所址碑
須依
佐屋三里の渡し碑
佐屋駅
東保八幡社
星大明社
西條八幡社
五ノ三駅
服部家住宅
東名阪自動車道
弥富IC
荷之上公民館
弥富駅
近鉄弥富駅
国道1号線
弥富市歴史民俗資料館
ふたつやの渡し
愛知県埋蔵文化財調査センター
立田輪中人造堰樋門
三ツ又池公園
森津の藤公園

埋田追分の一の鳥居（1935 年ごろ）津島市立図書館所蔵

1959 年の伊勢湾台風で鳥居は倒壊してしまった（1990 年代の撮影）日下英之氏提供

十三堂

興禅寺

ているにとどまっています。また、常夜灯が一対と追分であったことを示す道標が残っており、道標には「右つしま天王みち」「左さやみち」「あつたなごや道　天和二年戊九月浄入　明和二年五月向島端詰町片町再建之」と刻まれています。今では道筋も変わってしまい、閑散としていますが、『尾張名所図会』を見る限り江戸時代の終わりころには茶店もあり往来の賑わいを見せていますし、また戦前までは松並木もあったそうです。

十王堂

埋田追分を「つしま天王みち」の方へ進んでいきましょう。名鉄の高架をくぐってすぐのところに、十王堂があります。十王堂とは、中国から起こった十王信仰に拠った建物です。閻魔王に代表される十王やお地蔵さんを信仰すれば、極楽浄土にいけるといわれています。

お堂の中に入ると、正面に本尊の地蔵菩薩が座し、その周りに十王像が安置されています。地獄に落ち閻魔王の裁きを受ける人々を助けてくれるのがお地蔵さんといわれています。

十王は悪魔病敵が町に侵入することを防ぐという民間信仰が広がり、かつては津島五ヶ村の各村にあったそうです。極楽浄土へ行けるようにお参りしていきましょう。

興禅寺

十王堂を出て、西に進んで行きましょう。右手にお寺が見えてきます。曹洞宗宝珠山興禅寺です。このお寺は、津島牛頭天王《ごずてんのう》社（津島神社）の社家堀田右馬大夫《ほったうまだゆう》家の菩提寺です。

室町期には、現在の場所より八町ほど東北にあり、七堂伽藍が備わっていたうえ、70以上の末寺をもつ大霊場でした。しかし、１５８５年（天正13）に起きた天正地震で倒壊し、

妙延寺

大圡社

清正双紙掛の松

石神之社の御正体石

火災で全焼し、その後現在地に移転しました。

興禅寺には、木造牛頭天王像が伝来しています。その名のとおり牛の頭を持つ、津島神社の主祭神牛頭天王の姿を知ることができます。津島市の指定文化財になっています。

大圡社

興禅寺を出てさらに西へ進むと、街道沿い右手に次々とお寺がみえます。津島には本当にたくさんのお寺があります。今市場町二の交差点を直進し、少し歩くと右手に神社がみえます。大圡社です。この神社は津島神社の境外末社で大圡御祖神を祭っています。この神社から、尾張津島天王祭の今市場車が、津島秋祭りでは三台もの山車が出ます。

大圡社本殿の裏には「石神之社の御正体石」があります。いったい何でしょう、この石は？　かつては厨子町の「石神之社」に祀られていましたが、1895年（明治28）の大火の際、大圡社に移されることになったようです。何でも、女性が御正体石を抱いて祈願すると、子宝に恵まれるという信仰があったそうです。

妙延寺

埋田追分から分かれた「つしま天王みち」と津島街道が合流するあたりの右手に、日蓮宗津島山妙延寺があります。

愛宕追分

日置八幡宮

このお寺、戦国武将加藤清正が幼少期、上河原（津島市）の叔父の家に居た頃、読み書き手習いを学んだ寺子屋であるといわれています。そのため、寺には清正の像が安置され、境内には清正が双紙《そうし》を掛けたといわれる「清正双紙掛の松」があります。加藤清正にゆかりのあるお寺です。

愛宕追分

再び埋田の追分に戻ります。埋田の追分から佐屋宿に向かう道は現在耕地整理などでまったく姿を消しました。したがって西へ進み交差点を左折しましょう。佐屋へ向かう途中、愛宕の追分があります。蟹江方面に向かう旧蟹江街道がここから分岐していたといわれています。昭和30年代までは明治初年に建てられた石の道標があったといいますが、現在はアルミ製角柱の道標がその名残として建っています。佐屋路は愛宕神社の横から南下し、愛西市へと向かいます。

日置八幡宮　明通寺　吉沢検校　小松検校

愛西市日置《へき》町に入ると、佐屋路は県道一宮・富島線を横切ります。この県道沿いに大きな神社、日置八幡宮があります。

日置八幡宮周辺には、かつて日置庄という広大な荘園が広がっていました。この荘園を1181年（養和元）、源頼朝が京都の六条左女牛《さめがい》八幡宮（現在の若宮八幡宮）に寄進をしました。その際に氏神として、八幡宮を勧請したのが始まりといわれています。祭神は、応神天皇・神功皇后・玉依姫です。旧佐屋地区に八幡社が非常に多いのは、この神社がもたらした影響と考えられます。

社宝として、獅子頭が有名です。2007年（平成19）の調査で、上顎部分から125

吉沢検校（右）
小松検校（上）

明通寺

2年（建長4）の銘が発見されました。銘が入ったものの中では国内最古の獅子頭と判明し大きな話題となりました。

毎年旧暦の正月15日には管粥《くだがゆ》神事がおこなわれます。小豆《あずき》粥の中にヨシの茎を入れ一緒に煮て、そのヨシの茎の中に粥がどの程度入るかによって農業の吉凶を占います。

日置八幡宮をさらに南に進むと、宝光山明通寺《みょうつうじ》があります。この寺は吉沢検校《けんぎょう》・小松検校を輩出した寺として有名です。吉沢審一《しんのいち》（検校）は、明通寺の住職の孫として生まれ、生田流の藤田検校・中村検校に入門し、30歳で検校になりました。幅広い知識によって、箏楽を発展させました。その吉沢検校に入門したのが、小松景和（検校）です。家が明通寺の東隣であった縁により、8歳で吉沢検校に入門しました。生田流箏曲と平曲に精通し、吉沢検校から学んだ古典復古の伝統を後世に伝えました。

由乃伎神社

由乃伎神社

明通寺を南下して信号を西に向かうと、名鉄尾西線を渡ります。線路を横切る際に北をみると名鉄日比野駅がみえます。名鉄の数ある駅の中で苗字が駅名となっている駅はほとんどありません。ここにはかつて日比野安全肥料という会社がありました。あのマラソン王で知られる日比野寛《ひびのゆたか》のゆかりの地でもあります。

しばらく進むと、右手に見えてくるのが、由乃伎《ゆのぎ》神社です。『延喜式神名帳』にその名がみえる式内社で、祭神は日子湯支命《ひこゆぎのみこと》です。1868年（明治元)、明治天皇東幸のおり、佐屋へ立ち寄られた際に、勅使によって由乃伎神社に玉串が奉納されたため、神社前から佐屋路に通じる道がつくられました。

佐屋海道址

佐屋海道址　内佐屋子どもザイレン

柚木《ゆぎ》町と須依《すえ》町の境を歩いて行くと、津島からの巡見街道と合流します。この合流地点辺りから、愛西市内佐屋《うちざや》町に入っていきます。合流地点から南に折れたところに「佐屋海道址」の碑があります。佐屋路の姿を後世に伝えるため、1979年(昭和54)に建立されました。石碑の南側を通っている農道が佐屋路です。

内佐屋子どもザイレン

この内佐屋町では、毎年夏に子どもたちが主役の「子どもザイレン」という行事がおこなわれています。「佐屋海道址」から西に入ったところにある相江《あいえ》神社が会場です。木曽川で採集した砂で境内に舟のような形をつくり、そこにマコモでつくった十字のご神体を設置します。辺りが暗くなってくると、子どもたちが舟の形の祭壇のくぼみでおがくずを燃やします。翌日、ご神体は木曽川に流されます。古代より木曽川流域で生活してきた人々の信仰を物語っているように感じられます。

佐屋宿

佐屋路もいよいよ終点。佐屋宿です。

須依の信号を西へ右折しばらく行くと路傍に小さな道標があります。

くひな塚　是より南へ一丁

道標

佐屋代官所碑

松尾芭蕉の句碑

くひな塚って何だろう？　道標にしたがって少し寄り道してみましょう。すると、八幡神社のすぐ西の敷地内に。何やら碑が中央に佇《たたず》んでいるようです。その碑にはこんな句が記してありました。

水鶏《くいな》鳴と　人の云へはや　佐屋泊　　芭蕉

そう、あの俳聖と呼ばれた松尾芭蕉《ばしょう》が郷里伊賀へ向かう途中この佐屋に寄り詠んだこの句がそこには刻まれていました。何でも芭蕉没後初めてつくられた句碑だそうです。思いもよらない、芭蕉との出逢いでした。

もう一度、佐屋路に戻り、西へ進むと町並みとまではいえませんが所々に街道のなごりらしき建物をみることができます。するとこんな石碑が建っていました。「左　さや舟場道」。昔はここを左に進むと舟の乗り場だったのでしょう。

信号の交差点に立つと、北東には佐屋代官所址の碑があります。佐屋代官所は、江戸時代の尾張藩の藩庁の出張所で、海東郡・海西郡の村々を支配しました。代官所の碑の裏には愛知県出身初の総理大臣加藤高明《たかあき》の碑が建っています。加藤高明の父は佐屋代官所の手代をつとめ、彼はこの佐屋で生まれました。彼の生家は、代官所址を南にいった阿弥陀寺付近にあったといわれています。

信号の南西の公園の一角には、佐屋三里の渡しの碑があります。佐屋路は佐屋宿まで陸路をたどり、この佐屋からは舟路で桑名へ渡りました。佐屋・桑名間が三里であったことから三里の渡しと呼ばれています。

佐屋川

佐屋宿の図をみると、代官所のすぐ西は堤となっており、その西側には佐屋川が流れています。木曽川の十町野《じっちょうの》（稲沢市）あたりで分岐し、現在の津島高等学校あたりで旧天王

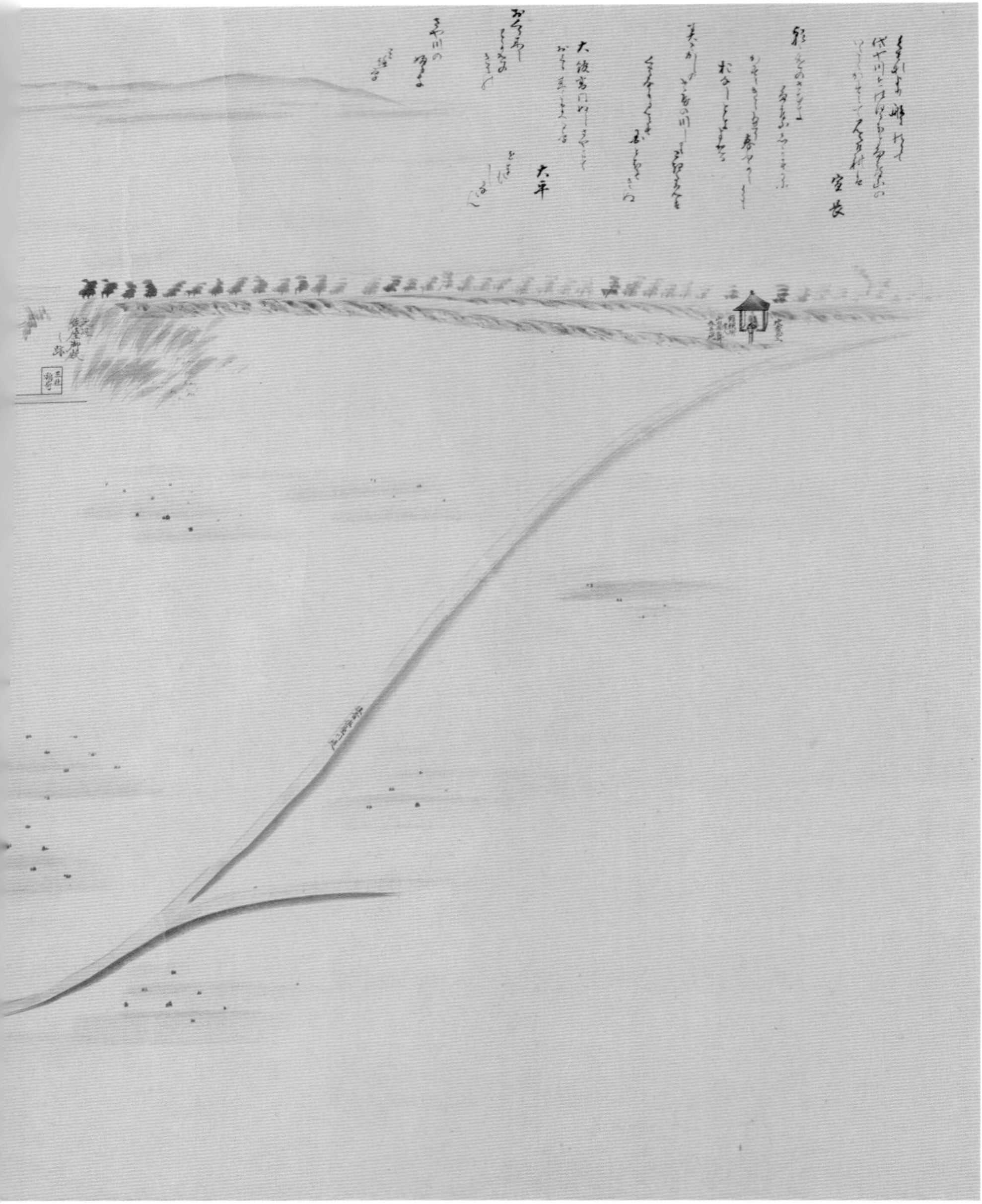

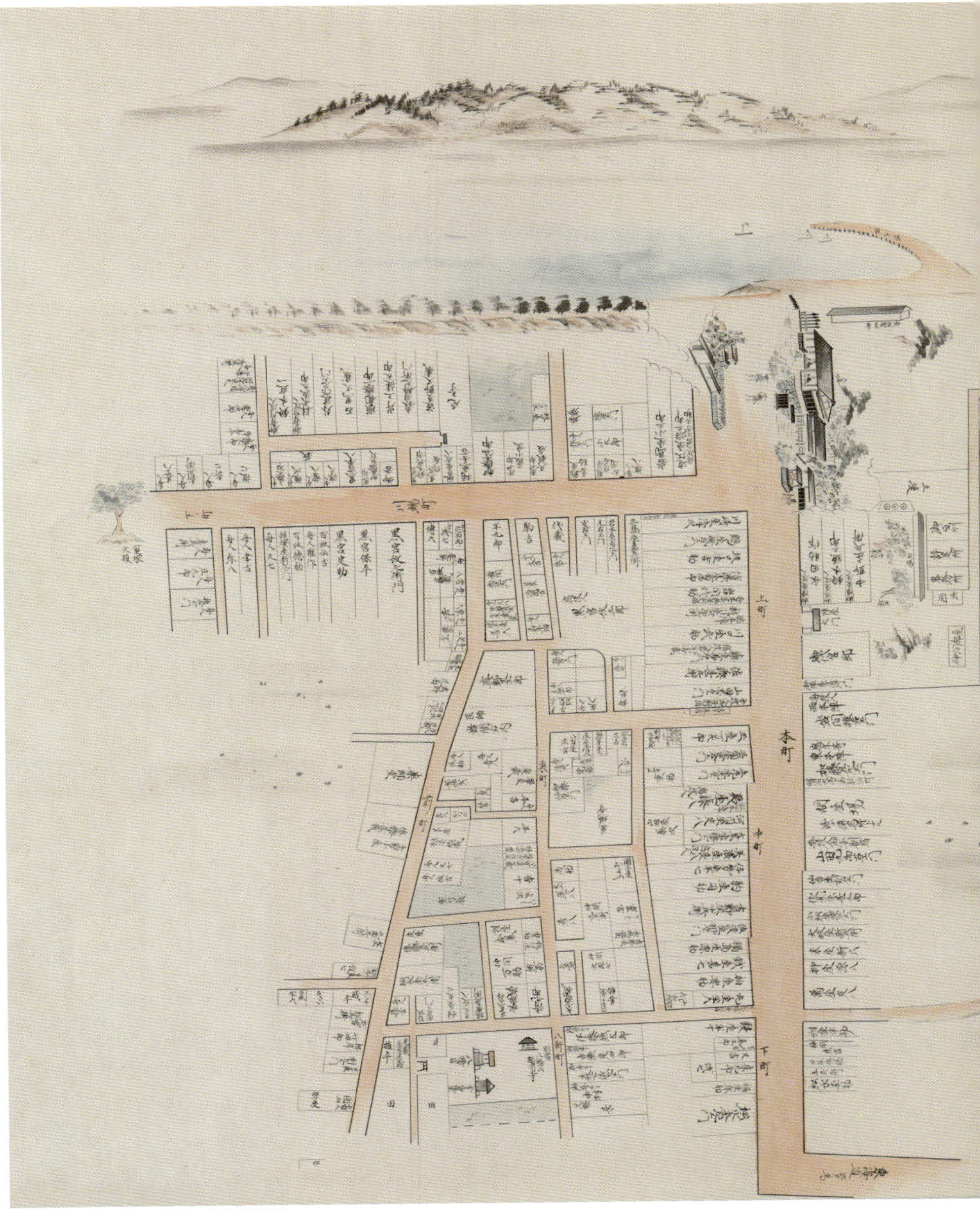

佐屋宿図　愛西市教育委員会提供
幕末の佐野宿の様子が精確に描かれている。街中を通る大路が佐屋路。街道沿いに岩間加藤の両本陣が立ち並ぶ。佐屋川付近に大きく描かれているのが佐屋代官所。

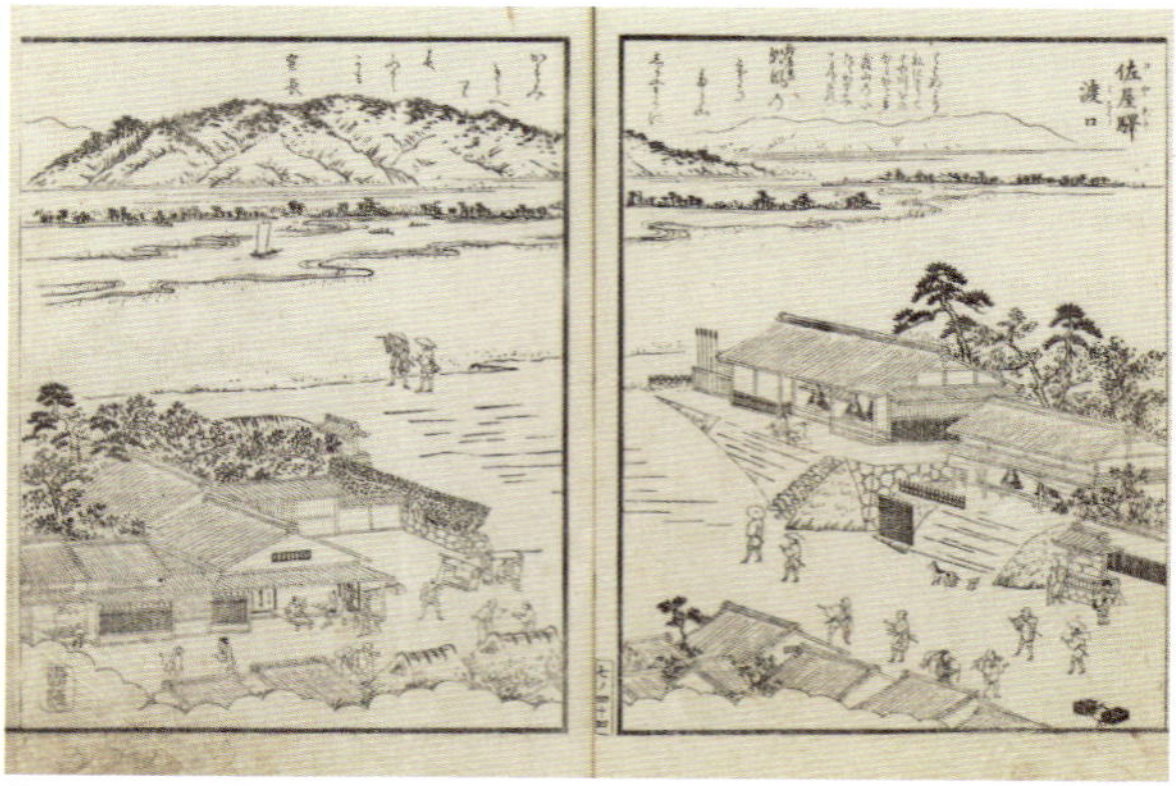

佐屋駅渡口（『尾張名所図会』前編第７巻）愛知県図書館所蔵

半甲山（『佐屋村誌』）

川と合流し、伊勢湾へ流入する河川です。木曽川の派川のように捉えられがちですが、その河川の幅は、木曽川と比べても遜色ありません。佐屋川は木曽川の主流を成していたといっていいでしょう。

尾張津島天王祭の市江車の車楽舟《だんじりぶね》は、この佐屋川の干満を利用して往来していました。しかし『尾張名所図会』の「佐屋駅渡口《とこう》」の図をみてもわかるように、佐屋川は砂が堆積しやすく、砂地ばかりで流路部分はわずかでした。このような地勢からか、佐屋宿のすぐ南にはかつて半甲山《はんこうやま》と呼ばれる河岸砂丘が形成され、遠足等で多くの人々が訪れたそうです。太平洋戦争中この半甲山の砂は甚目寺の飛行場建設や名古屋駅造成のために供出され現在では写真でしかその姿を偲ぶことができません。

星大明社

せっかくここまで来たので、もう少し足をのばしてみましょう。半甲山のあった辺りを東へ進むと名鉄佐屋駅へ出ます。そこから南へ線路沿いを歩いて行くと、右手に星大明社《ほしだいめいしゃ》があります。愛西市西保町の氏神で、祭神は饒速日命、赤星明神を祀っています。『尾張名所図会』には、「赤星名神社」という名称で、境内の様子が描かれています。この神社は、尾張津島天王祭において市江車《いちえぐるま》の試楽《しがく》がおこなわれる地として有名で、江戸時代地誌類にもその旨が紹介されています。現在も毎年、宵祭の日の夕方に、神社で試楽が奉納されています。本番さながらの演奏は圧巻です。

星大明社

10月の例大祭も通称「秋祭り」として、大勢の人で賑わっています。西保町内から、山《だ》車《し》・石採車《いしどりぐるま》が一同に集結します。この祭りで見逃せないのが「伊勢神楽《いせかぐら》」でしょう。普段なかなか見ることができないこの伊勢神楽、10月の星大明社の秋祭で見られます。知る人ぞ知る、隠れた名所です。

この星大明社には1510年（永正7）に作成された古い木造獅子頭が残っており、愛西市の指定文化財となっています。

東保八幡社のクロマツ

星大明社から、線路を渡り東へ進むと東保八幡社があります。ここは、愛西市東保町の氏神であり、祭神は応神天皇です。この東保町は、尾張津島天王祭に出船する市江車に関係した行事がおこなわれます。とくに準備段階の諸行事はこの東保八幡社や隣接する公民館で実施されます。ただし、行事によっては昔ながらの女人禁制の行事もあるので、ご注意を。

東保八幡社の境内には、ひときわ高くそびえ立つクロマツがあります。推定樹齢は250年といわれており、愛西市の天然記念物に指定されています。

東保八幡社前の農道を南に進んでいくと、「津島天王祭市江車車田《くるまでん》址」と刻まれた大きな石碑があります。車田というのは、車楽舟の運営のために尾張藩から与えられた土地ということです。

東保八幡社のクロマツ

津島天王祭市江車車田址

勝軍延命地蔵

西條八幡社

西條八幡社　勝軍延命地蔵

「津島天王祭市江車車田址」の碑からさらに東に進むと、西條《にしじょう》八幡社があります。この神社本殿は、残された棟札より、1470年（文明2）の再建であることが判明しています。この本殿は、全国的に見ても十社に入るほど古いもので、愛知県の文化財に指定されています。

境内の横には地蔵堂があります。「勝軍延命地蔵《しょうぐんえんめい》」といわれ、厨子の中におさめられている地蔵尊は17年に一度ご開帳が実施されるとのことです。2018年（平成30）に御開帳がおこなわれました。毎年2月24日前後の日曜日には初地蔵の餅投げが開催され、多くの人で賑わいます。

服部家住宅

西條八幡社、勝軍延命地蔵の前の道を南下していくと、国道155号線に出ます。この国道を横断し、しばらく進みましょう。集落に入る手前の水路沿いの道を右折すると、先ほど紹介した日置八幡宮の一の鳥居跡がみえてきます。うっかりすると見逃してしまいそうな史跡ですが、この一の鳥居の存在からこの地域において日置八幡宮の存在が大きかったかがうかがえるのではないでしょうか。

一の鳥居跡を南下すると荷之上《にのうえ》公民館の西に出ます。その交差点を左折して弥富インターチェンジに向かって行きましょう。弥富インターチェンジすぐ南の東名阪自動車道の高架をくぐり抜けしばらく行くと、右側に興善寺《こうぜんじ》地蔵があります。長島の一向一揆の際に、長島の願証寺《がんしょうじ》、香取《かとり》（三重県桑名市）の法泉寺《ほうせんじ》と並んで一向一揆の拠点であった荷之上興善寺の存在を裏づける貴重な史料です。興善寺はその後清須、名古屋へ移転しました。名

興善寺地蔵

服部家住宅

古屋移転後に転派し本願寺派の寺院となっています。

先ほどの荷之上公民館の交差点を左折すると興善寺地蔵に出ますが、この交差点を右折して歩を進めると、国の重要文化財服部家住宅があります。

服部家は、中世以来の在地土豪でしたが、長島の一向一揆の際に織田信長に敵対しました。1574年（天正2）の三度目の攻撃により一向一揆は壊滅し、弥富周辺も放火され村々は灰燼《かいじん》に帰してしまいました。

1576年（天正4）に荷之上で帰農し荒廃したこの地を再び開発したのが、服部家の初代である服部弥右衛門尉《やえもんのじょう》正友でした。正友は荷之上城の跡地に居を構え、これが現在に残る服部家住宅の原型となりました。

また正友は、尾張津島天王祭で重要な役割を果たす市江車を宇佐美家らと共に再興し、以来服部家は代々市江車の車屋を担ってきました。

代々荷之上村の庄屋として村を治めた服部家は、木曽川の川通御用を担う「留木裁許役《とめきさいきょやく》」や佐屋代官所管内の「海西郡惣代」もつとめ、近隣村々の指導者的立場として地域運営に貢献しました。

また同家は、尾張藩とのつながりが深く、とくに後に宗春のあと家督を継いだ宗勝《むねかつ》は幼少期この家で育ったといわれています。庭には宗勝が植えたといわれる椎の木がありましたが、伊勢湾台風後に枯死してしまったそうです。

服部家住宅は、個人住宅のため、常時見学はおこなっていませんので要注意。見学等の詳細については、弥富市歴史民俗資料館までお問い合わせください。

焼田湊

佐屋路は佐屋湊から三里の渡しでもって桑名へ渡るのが本来のルートでしたが、

明治天皇焼田湊御着舟所跡

郁達夫の碑

ふたつやの渡し

江戸時代の中期以降になると佐屋川に砂が堆積し、佐屋湊からの舟渡が困難な状況に陥りました。その結果、佐屋川の左岸を南下したところにある、焼田《やけた》湊の利用が増えました。

1868年（明治元）9月、遷都のため東幸した明治天皇も、この焼田湊を利用しました。

現在、焼田湊周辺は、土地が整備され、湊の面影はまったく見られませんが、「明治天皇焼田湊御着舟所跡」の石碑がその歴史を物語っています。

焼田湊から狭い路地を西に入っていくと、「千代稲荷社」があります。その鳥居の前に、漢詩を刻んだ赤い石碑があります。石碑に刻まれているのは「訪擔風先生道上偶成」という詩。作者である郁達夫《いくたっぷ》（1898〜1945）は、『沈淪』などの作品で知られる中国人作家です。

彼は、第八高等学校（現名古屋大学）留学生時代に、「水辺の漢詩人」と称されたこの地域を代表する文人で、鯏浦《うぐいうら》（現弥富市鯏浦町）在住の服部擔風《たんぷう》の家を訪れ、親交を深めました。

ふたつやの渡し

郁達夫の碑から再び国道155号線に戻り、南下していきましょう。大きなショッピングモールを越して、海老江の交差点を越えて県道が大きく西に曲がっている地点で分岐した直線の道を進みます。JRと近鉄の線路をくぐり左折し、すぐ右の路地に入ります。さらに最初の交差点で右に曲がり国道1号線を越えると前ヶ須の宿駅跡に続いています。最初の交差点で右折

愛知県埋蔵文化財センター

弥富市歴史民俗資料館

すると、「ふたつやの渡し」の石碑があります。

江戸時代にもここを通って桑名や熱田に行く舟がありましたが、明治時代にふたつやの渡しとして前ヶ須が整備され、東海道の宿駅として栄えることになりました。

弥富市歴史民俗資料館

交差点に戻りしばらく南下すると、弥富市歴史民俗資料館があります。ここは、かつて海西郡役所があったところです。

資料館では弥富市の地形や歴史・民俗などを紹介しています。展示の目玉のひとつが、約20種類の弥富金魚の常設展示です。

弥富市は豊かで良質な水があり、全国有数の金魚の産地です。弥富と金魚との関係は、なんと約160年前まで遡ります。大和郡山からやってきた金魚商人が、前ヶ須で金魚を池に放して休ませていた時、その愛らしさに宿の主人が買い取ったことがきっかけであるといわれています。明治時代以降に養殖が本格化し、全国屈指の産地になりました。

愛知県埋蔵文化財センター

資料館から南に進むとすぐに、愛知県埋蔵文化財センターがあります。ここは愛知県内の遺跡の発掘調査の拠点であり、出土品の保管や展示などをおこなっています。

センターでは、所蔵している県内の遺跡の出土品などを見学することができます。中でも清須市や名古屋市にまたがる弥生時代の代表的遺跡として知られる朝日遺跡の出土資料は、2000点以上が国指定の重要文化財となっています。

立田輪中人造堰樋門

森津の藤

立田輪中人造堰樋門

愛知県埋蔵文化財センターをさらに南下すると、鍋田川の堤防に出ます。左岸堤防を進むと立田輪中人造堰樋門が目に入るでしょう。弥富の北に位置する立田輪中（現愛西市）は、輪中内の悪水を佐屋川に排水していましたが、明治時代の木曽三川改修工事により廃川となりました。１９０２年（明治35）、立田輪中普通水利組合は鍋田川に排水するため弥富の中山にこの樋門を建造しました。これが立田輪中人造堰樋門です。

鍋田川は現在埋め立てられ、樋門の周辺は輪中公園となっています。

森津の藤

弥富市森津の「森津の藤公園」の中に、江戸時代から名所となっている藤棚があります。「森津の藤」は１６４７年（正保4）、森津新田の開発地主武田家によって植えられたと伝えられ、樹齢は３５０年以上といわれています。

『尾張名所図会』には、花の長さは１２０cm以上と記されています。写真は１９８４年（昭和59）頃のものですが、花の状況をみると、『尾張名所図会』の記述が決して誇張ではないことがわかります。

森津の藤は伊勢湾台風の際に大きな被害を受けたことや、老齢化が進み、現在は樹勢に衰えがみられ、かつてほどの姿は見ることはできません。しかし、毎年4月下旬に開催される「森津の藤まつり」では、地元の保存会による音楽の演奏などのイベントがおこなわれ、多くの人々でにぎわいます。

また、２０１７年（平成29）には、弥富出身の著名な漢詩人である服部擔風の書斎「藍亭《らんてい》」が、森津の藤公園内に移築されました。藍亭は見学することが可能です。お問い

三つ又池公園

合わせは弥富市歴史民俗資料館まで。

三つ又池公園

森津の藤公園からかなり距離を隔てますが、三つ又池公園は、昔宝《たから》川という河川が流れていたところです。造成などによって遊水池《ゆうすいち》として利用され、さらに周辺を整備して三つ又池公園として生まれ変わりました。公園内には芝桜が多く植えられており、春には一面に鮮やかな花を咲かせ、それはまるで桜色の絨毯を敷いたよう。見頃となる4月中旬頃には「芝桜まつり」が開催されます。

津島神社参宮道の道標

III

津島街道をゆく

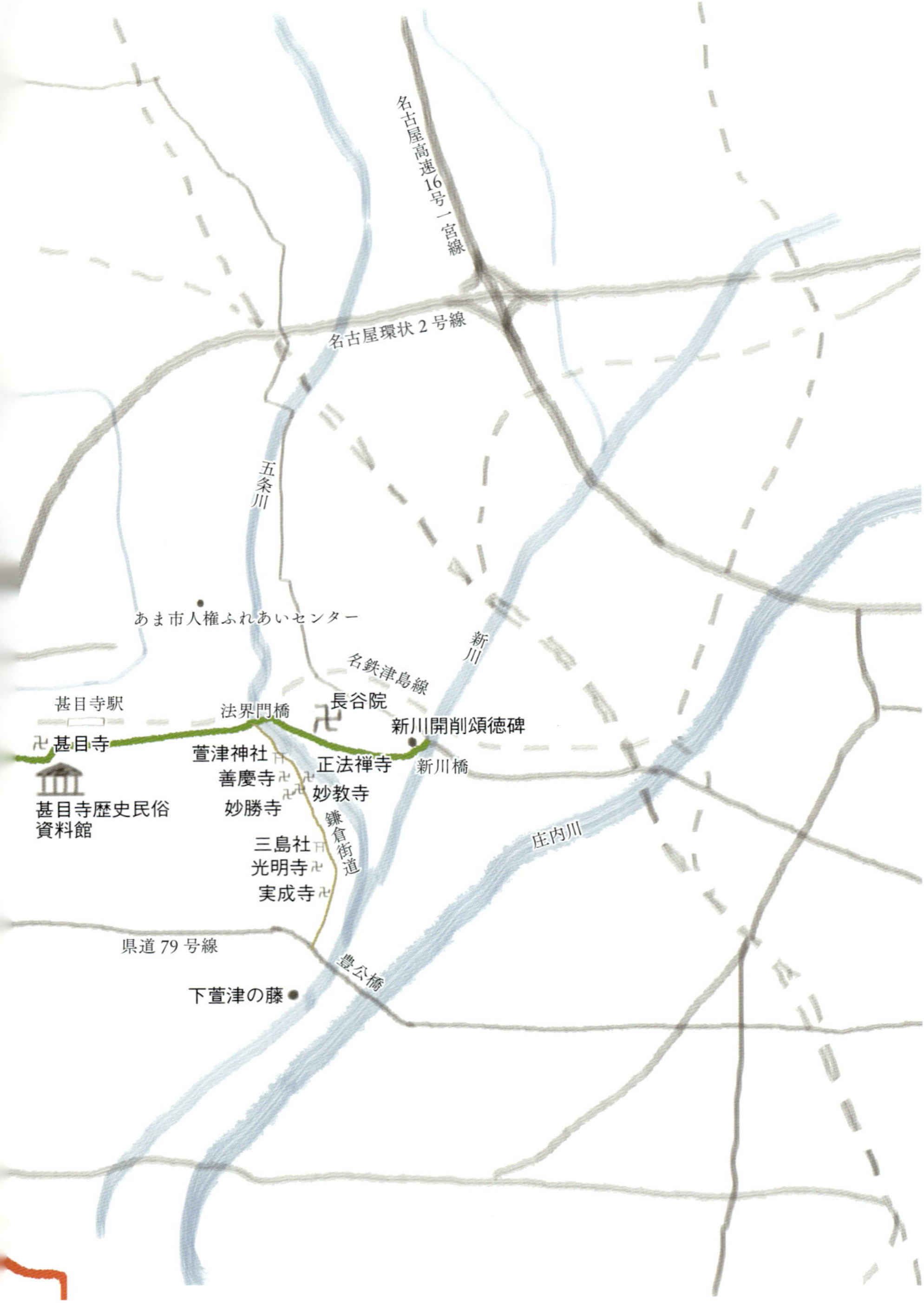
名古屋高速16号一宮線
名古屋環状２号線
五条川
あま市人権ふれあいセンター
新川
名鉄津島線
甚目寺駅
法界門橋
長谷院
新川開削頌徳碑
甚目寺
萱津神社
正法禅寺
新川橋
善慶寺
妙教寺
甚目寺歴史民俗資料館
妙勝寺
鎌倉街道
三島社
光明寺
実成寺
庄内川
県道79号線
豊公橋
下萱津の藤

三宅川
二ツ寺神明社古墳
菊泉院
法蔵寺
蓮華寺
法光院
旧作戦室跡
晴明塚
美和歴史民俗
資料館
光照寺
小町塚
新屋神社
法性寺
源佐橋
弘法大師の碑
慶運寺
青塚駅
甚目寺西小学校
五八悪水記念碑
福田寺
木田駅
津島街道
新居屋駅
目比川
西尾張中央道
木田八劔社
奥津神社
福田川
日光川
佐屋路

美濃路からの分岐

新川橋　長谷院　萱津神社　法界門　反魂番塚　光明寺　実成寺　下萱津の藤

新川橋　長谷院

　熱田から美濃路を通り、尾頭橋、大須を抜けると名古屋の街へ入ります。美濃路は札の辻（中区）から左へ廻り、堀川を渡り、その後北上し、枇杷島《びわじま》で庄内川を渡り、かつての名古屋の台所ともいうべき小田井《おたい》の市を通りぬけると新川に出ます。新川に架けられた新川橋は、1787年（天明7）に架けられた際には長さ37間（約67m）の土橋で、1792年（寛政4）に木橋に架け替えられました。1938年（昭和13）愛知県初のコンクリート橋となりました。

　新川橋あたりを土器野《どきの》新田（清須市）といいます。土器野の名は、この地が土器を焼きだした地であったことに由来するともいわれています。かつてここには千本松原（名古屋市中区）から移設された尾張藩の刑場がありました。

　この橋の西詰には「新川開削」の説明版とともに「新川開削頌徳碑」があり、開削に尽力した尾張藩士水野千之右衛門らの普請奉行の功績を称える石碑が建っています（41ページ参照）。

新川橋

新川橋の旧親柱

法界門橋

長谷院

萱津神社

津島街道の入り口は、ここから南へ40m「是よりつしま道」の道標を西に行きます。その道中に長谷院があります。ここは1738年（元文3）の火災で焼失し名古屋に移転するも、約100年後、旧地元の厚い要望により、1832年（天保3）に旧地に仮堂が建てられ本尊の十一面観音像が安置され復活しました。再建に伴う費用の提供は村中の願主はじめ清須の有力者によっておこなわれました。こうして再興された同院について『尾張名所図会』では繁盛の霊地として紹介しています。

萱津神社　法界門

上萱津地内の五条川にかかる法界門橋は、その言い伝えによればかつて甚目寺観音が大伽藍を要す時代に、その東門（法界門）がここにあったことに由来しているそうです。今は橋名にその名をとどめるのみとなっています。

この地域は鎌倉時代、京都と鎌倉を結ぶ鎌倉街道が南北に走っており、萱津宿として栄華を極めました。中世の紀行文のひとつ『東関紀行』は、「萱津の東宿をすぎれば、そこらの人あつまり里もひびくばかりに罵りあう。今日は市の日」と、この宿場の賑わいを描写しています。

法界門橋を渡り五条川右岸を南に300mほど行くと、漬物の神を祀ることで有名な萱津神社に出ます。毎年8月21日には熱田神宮へ奉納する漬物をつくるための「漬込み神事」が本殿横「香の物殿」で執りおこなわれ、一般参拝者もその内部にある漬物甕の中に、野菜と塩を奉納することができます。

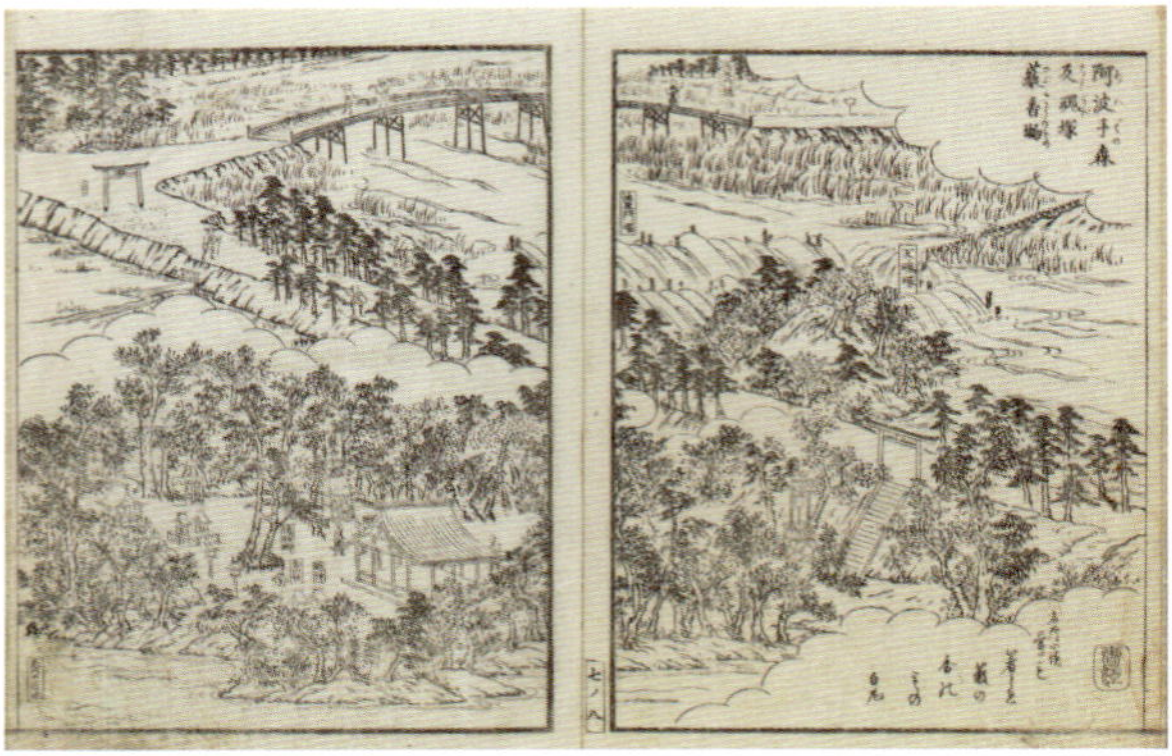

阿波手の森（『尾張名所図会』前編第７巻）愛知県図書館所蔵

反魂香の図（『尾張名所図会』前編第７巻）愛知県図書館所蔵

反魂塚

萱津神社近辺は、昔「阿波手の森」と呼ばれ、歌枕の地として広く知られていました。現在はその姿が見られませんが、『尾張名所図会』によると、萱津神社を出た五条川の堤防あたりに反魂塚が描かれています。

７８０年（宝亀11）奥州から恩雄《やすたか》、藤姫の若い夫婦が、都の父を訪ね上京する途中、萱津で藤姫が急死、恩雄は悲嘆にくれ、剃髪し正法寺にて妻の菩提を弔う日々をすごしました。その後、藤姫の実父である橋本中将が関東に下向した際、萱津に宿泊し、娘の死を知り、哀れに思った同寺の東岸和尚が反魂香を焚いて秘法を修すと煙の中に亡くなった娘の姿が現れたという話がのこっています。

光明寺　実成寺

萱津神社前を通る鎌倉街道には今もなお数多くの寺院がのこっています。正法寺、善慶寺、妙教寺、妙勝寺といった名刹が立ち並ぶ鎌倉街道を南下して正法寺南で西に折れ少し歩くと萱津合戦の碑があります。萱津合戦は、１５５２年（天文21）８月、織田信秀没後家督を継いだ信長が、清須の織田信友方の撃ち破った合戦。あの前田利家の

下萱津の藤

光明寺

実成寺

初陣がこの萱津合戦だったといわれています。
さらに鎌倉街道を南下していくと、三島社の前に出ます。その奥には光明寺という寺院がみえます。この光明寺は、時宗の寺院で、一遍の高弟他阿真教が1282年（弘安5）に開基しました。往古は萱津道場とも称され七十二僧寮を擁する大寺でした。豊臣秀吉が幼少期に、ここで手習いを学び、門前にある三島神社の古き榎の木の下で遊んだことから、自らを木下と名乗るようになったといわれています。
さらに鎌倉街道を南下すると実成寺《じつじょうじ》に出ます。実成寺は、日蓮宗の寺院で、日蓮の弟子である日妙が開基した寺。かの有名な清須城主織田敏定《としさだ》画像はこの寺に伝来しています。

下萱津の藤

鎌倉街道をさらに南下すると萱津橋にでます。その萱津橋をさらに南に進むと、堤防沿いに愛知県指定の天然記念物のフジがあります。樹齢は約350年といわれ、幹枝が四方に錯綜する。平成の初め頃までは、この地域の春の風物詩、大勢の見物客でにぎわい、フジの花を愛でながら味噌田楽に舌鼓をうったとか。毎年4月最終土・日の2日間限定で公開されています。お問い合わせは美和歴史民俗資料館まで。

甚目寺から木田

甚目寺　甚目寺飛行場　新居屋　方領大根　菊泉院　二ツ寺神明社古墳　コンスタンチノ
美和歴史民俗資料館

甚目寺

甚目寺

津島街道沿いにある甚目寺は、起源が古く、「文永甚目寺縁起」によると創建は597年（推古天皇5）とされています。縁起では、伊勢国の漁師であった甚目龍麻呂《はだめたつまろ》の掛けた網に観音像が引き上げられ、龍麻呂が観音像を祀る草庵を建てたことを始まりとしています。1990年（平成2）～92年にかけておこなわれた発掘調査で、白鳳時代の軒丸瓦に加え掘立柱根が出土し、甚目寺に寺院建築が存在したのは7世紀後半以降であることが確認されました。

当寺の門前には名古屋城下から佐屋に繋がる津島上街道が通っており、その参拝者にも多く利用されていたことが想像されます。甚目寺は江戸時代、尾張三十三観音と尾張四観音の一番霊場として多くの参詣者が訪れ、塔頭《たっちゅう》は三十ほどあったといわれています。今日でも節分の恵方にあたったときなどは、境内からあふれんばかりの人が集まる観音として賑わいをみせています。

甚目寺は文化財の宝庫としても知られています。南大門は当寺に現存する最古の建物です。鎌倉時代の和様の楼門で、源頼朝が梶原景時《かじわらのかげとき》に命じて建立

南大門

仁王像
美和歴史民俗資料館
提供

させたという伝説があります。この南大門に安置されている仁王像は、鎌倉時代の仏師である運慶作ともいわれていましたが、２００８年（平成20）の解体調査で１５９７年（慶長2）に福島正則によって奉納されたことが判明しました。見上げる角度の時に最も整って見えるように設計されており、造形的に優れるばかりでなく、年紀・奉納者・作者の判明する資料としても貴重な仏像彫刻です。正則は武士になる前、甚目寺の普請現場で働いたことがあり、釈迦院の智慶尼に世話になったという伝承も残されています。

南大門をくぐり正面に見える朱色の建物が本堂、左手にあるのが三重塔で、室町時代の様式をそのまま伝えているといわれています。三重塔そのものも重要文化財ですが、ここには重要文化財に指定された愛染明王坐像《あいぜんみょうおうざぞう》が安置されています。鐘楼の北東に位置する十王堂では閻魔王をはじめとする十王が安置されています。ここより東にある門が東門で、これも重要文化財に指定されています。１６３４年（寛永11）建立といわれ、四脚門で切妻造、銅板葺の建築で桃山時代の様式を残しています。

建築だけでなく、絵画も重要文化財に指定されているものがあり、鎌倉時代に描かれた「仏涅槃図《ぶつねはんず》」がそれにあたります。釈迦の臨終に衆生が哀悼のため集まる姿を表していますが、通常描かれることはない、画面左下の「施入《せにゅう》檀那《だんな》」と記した和風の尼僧人物が描き込まれている点が特徴的です。本物を見ることはできませんが、レプリカが甚目寺歴史民俗資料館に展示されているので、足を運んでみてはいかがでしょうか。

小笠原登

甚目寺歴史民俗資料館の近くに円周寺というお寺があります。この円周寺は

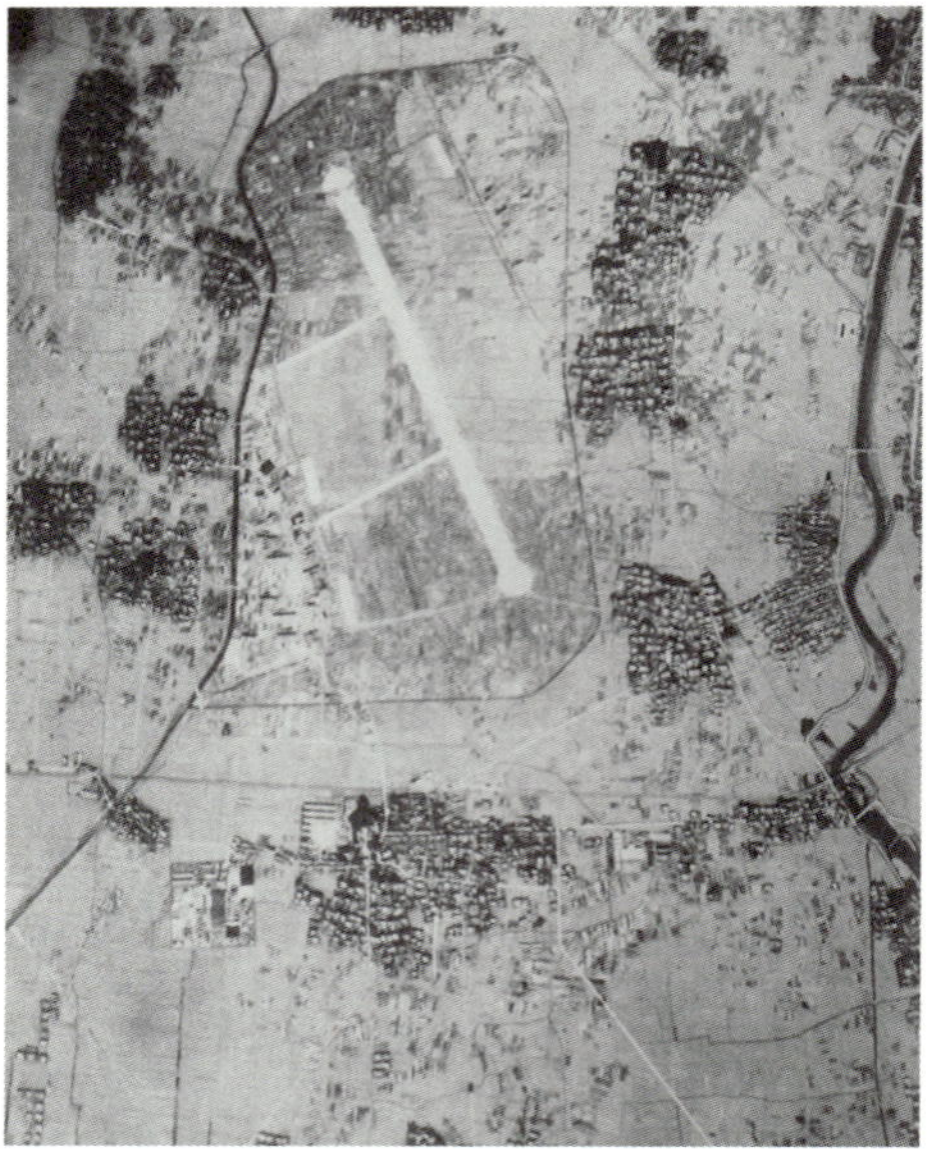

甚目寺飛行場遺構（1947 年）

ハンセン病の治療と研究に功績のあった小笠原登《おがさわらのぼる》の出生地です。当時ハンセン病は不治の病で感染力が強いと考えられており、国は隔離政策を進めていたのに対し、小笠原登は国の隔離政策を批判し生涯を治療と研究に費やしました。現在、上條交差点南にある「あま市人権ふれあいセンター」には彼の功績をたたえるコーナーが設置されています。

甚目寺飛行場

甚目寺飛行場（清洲飛行場）は太平洋戦争末期に、旧甚目寺町を中心につくられた軍事飛行場です。名古屋防衛のために1944年（昭和19）3月に着工し、地元住民や中学生らが動員され、農地に誘導路や滑走路が突貫工事で建設され、同年10月に完成しました。戦闘機「屠龍《とりゅう》」などが配置されましたが、飛行場は戦争末期の一年足らずで戦後すぐに廃止となり、耕地に戻されたため幻の飛行場とも呼ばれています。現在では道路等の整備がすすみ、石作にのこる旧作戦室や甚目寺公民館敷地内にある碑でその存在を偲ぶことができます。

新居屋の小町塚

新居屋

国道302号を西に向い福田川にかかる新居屋橋を渡り、その西にある名鉄津島線踏切あたりに、かつて新居屋駅があったことは、意外と地元でもあまり知られていません。この幻の駅新居屋駅は1942年（昭和17）、戦時中の電力事情により撤去されいまは跡形もありません。

方領大根

菊泉院

新居屋の旧集落は、ここから北に800mほどに位置し、甚目寺西小学校の西側を南北に走る道は、古刹法性寺へつながるかつての参拝道です。

法性寺は、真言宗豊山派の寺院で、かつては、天智天皇の勅願寺で、十二坊の堂宇を擁した大寺院であったといわれています。本尊の薬師如来坐像は秘仏だそうで、小野小町の持念仏とされる如意輪観音像も伝えられています。寺に隣接する新屋神社はじめ、周辺には小野小町ゆかりの小町塚や陰陽師で知られる安倍晴明ゆかりの晴明塚といった史跡も点在します。何でも、晴明塚は、晴明がこの地を訪れた際に雑草に悩んでいた農家を祈祷により救ったことに感謝し築かれたといわれています。

方領大根

新居屋を北上すると、方領と呼ばれる地域があります。ここを原産地とするのが方領大根です。『尾張名所図会』によれば、色は白く雪のようで、味は飴のように甘いとあります。現在「あいちの伝統野菜」に認定され、まちおこしで利用されています。旬は12月～2月で、根が白く、水牛の角のように湾曲したものが良品とされています。煮崩れしにくいことから、ふろふき大根には絶品といわれています。ぜひ一度ご賞味あれ。

菊泉院

再び街道に戻り、津島方面へ歩を進めると、七宝駅を通り過ぎて富塚《とみつか》という集落に入ります。この富塚の街道沿いにかつて一里塚があったことが当時の資料から確認できますが、残念ながら現在その痕跡はのこっていません。さらに歩を進めると、この道標から1・5㎞ほど北上したところに菊泉院があります。菊泉院は瑞祥山と号し、寺伝によると草創は古く鎌倉時代以前の平安仏教の寺院として創建されたといわれています。その後、安土桃山時代の１５９２年（文禄元）に曹洞宗となりました。当寺は豊臣秀吉の家臣で「七本槍」の筆頭として知られる福島正則の菩提を弔っていることでも有名です。

福島正則は二ツ寺に生まれたとされ、秀吉とは従兄弟関係にありました。賤ヶ岳の戦いや文禄の役などで活躍し、尾張清須城主二十四万石の所領を与えられ故郷に錦を飾った正則は五十石の所領を菊泉院に寄進し、菩提寺として保護しました。彼の死後、家臣が奉納したとされる正則の位牌、護持仏の毘沙門天立像、肖像画が当寺にあります。霊園の北西隅には、没後３８０年を記念して福島正則顕彰会によって建立された供養塔、ならびに正則の生涯が刻まれた記念碑も見ることができます。

境内地内には１３８４年（至徳元）の銘が刻まれた美和地区で最古の宝篋印塔《ほうきょういんとう》、「仏」という文字に配列され三十三観音菩薩石像群。石像群の左には日光稲荷が、さらに歩を進めると火防の霊験を守り続ける秋葉堂があります。

菊泉院から南へ２００ｍほどの所に「福島正則誕生地」碑があり、この石碑の西に正則の屋敷があったと伝えられています。

二ツ寺神明社古墳

二ツ寺神明社古墳

菊泉院を出て西へ向かったところにあるのが二ツ寺神明社古墳です。緑に覆われた二ツ寺神明社の社域全体が、全長約80ｍの前方後円墳であると推測されています。築造年代は古墳時代前期頃と考えられていますが、前期の古墳とすると低地部では他に類を見ない大型前方後円墳であり、当時の海浜近くに立地していたようです。しかしながら発掘調査がおこなわれていないため葺石や埴輪、石室は確認されておらず、『愛知県史』の編纂にともなって測量調査のみがおこなわれました。

後円部に神明社本殿「高ノ宮社」が、くびれ部に境内社「風ノ宮」社があります。創建

美和歴史民俗資料館

コンスタンチノ旧宅跡

については不詳ですが、福島正則によって修復された説と建立された説があります。

コンスタンチノ

ポルトガルの宣教師ルイス・フロイスの著書『日本史』にあま市花正地区出身のコンスタンチノという人物が登場します。本名等は不詳ですが、高山右近の父である高山飛騨守に仕え、いち早く洗礼を受けコンスタンチノという洗礼名を授かりました。沢城の教会を拠点として布教に努めたと記され、彼はその2年後花正に戻り布教活動をおこない、キリシタンが一人もいなかった尾張で武士や僧侶も含め600人もの人々に洗礼を授けたといわれています。

二ツ寺の南西に位置する花正《はなまさ》の光照寺《こうしょうじ》には庭園内に伝キリシタン灯篭が存在し、昔隠れキリシタンが灯篭に祈りを捧げ、仏教への改宗を惜しみ境内に運び込んだと伝えられています。寺伝によれば、光照寺の東側がコンスタンチノの旧宅跡のようです。現在は畑となっていますが、尾張西国三十三所観音の第十八番札所の観音堂が東隣しています。

同じく花正の法光寺では、本堂屋根裏から『切死丹《きりしたん》宗門記』が発見され、隠れキリシタンが北の雑木林でお祈りをしていたという寺伝もあります。そして、そこから異形態の供養塔が発見されており、キリシタンの供養塔ではないかと考えられています。

美和歴史民俗資料館

あま市役所本庁の東に位置し、名鉄津島線木田駅からは徒歩約10分の距離にあります。一階常設展示室は、民具や農具といった民俗資料が中心の展示で「米づくりと昔のくらし」「郷土の歴史とくらしの道具」をテーマとしています。2階の展示室では、旧美和町で出土した弥生時代以降の考古資料や、地元に残る条里制に基づく地名に関する展示のほか、甘粕事件や二・二六事件の裁判を担当した陸軍法務官・小川関治郎に関する展示もおこなっています。また、あま市出身の戦国武将の肖像画をはじめ、浮世絵などを展示する企画展も季節ごとに開催しています。

【コラム】

一里塚

江戸時代の道標の一種である一里塚は、街道の両側に一里（約4km）ごとに土を盛り、榎や松を植えるところが多くありました。甚目寺から津島街道を西へ進んだ美和地区では、富塚に一里塚が存在していたと考えられています。富塚の村絵図には、「壱里塚」として津島街道の北側、字西《にし》間《ま》曽《そ》地内に記載されており、道路の南側にあたる沖之島の村絵図にも津島街道の南北両側に一里塚と思われる記号が記されています（図の赤矢印）。（花井昂大）

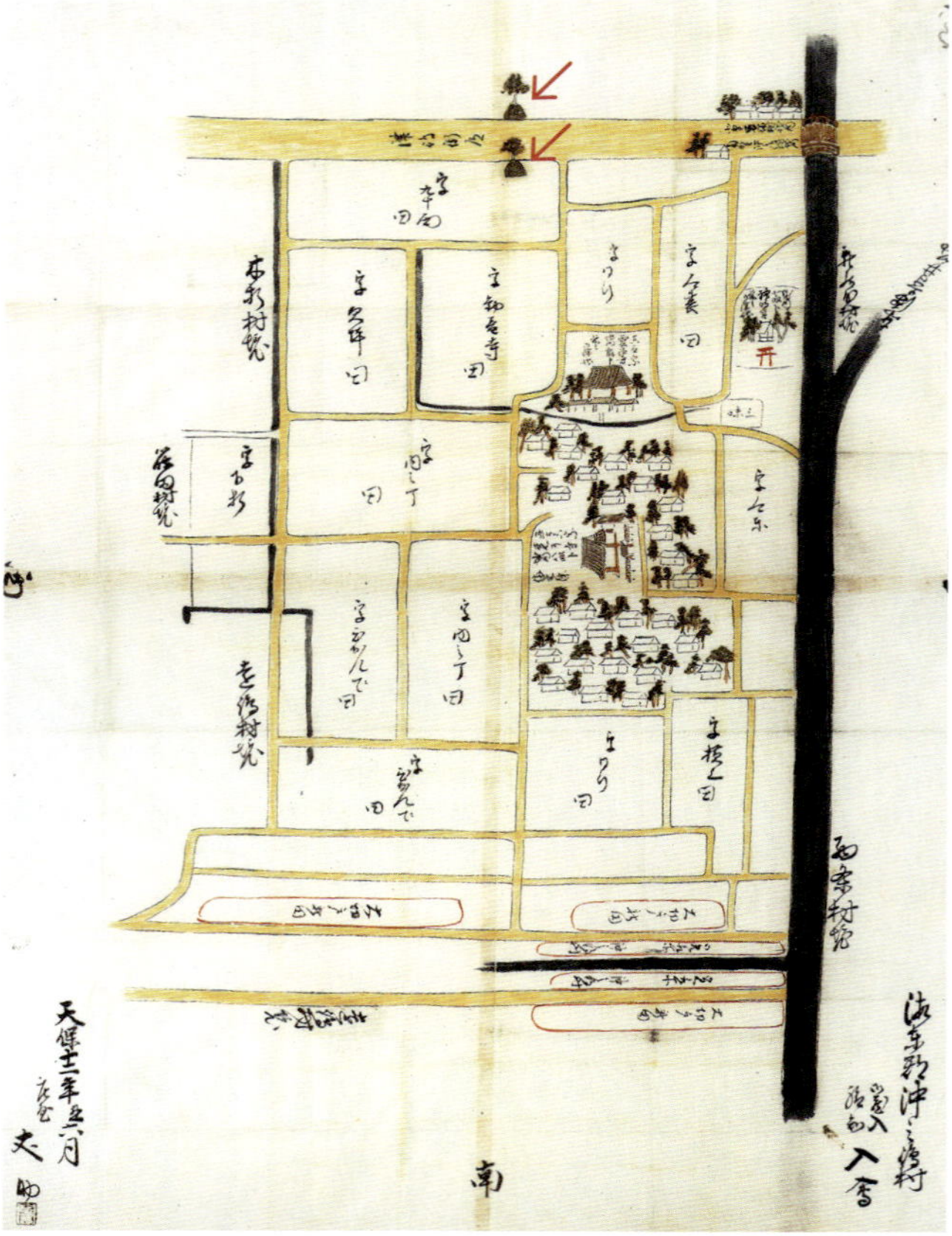

海東郡沖之島村絵図（天保 11 年）徳川林政史研究所所蔵

木田から勝幡

木田　法蔵寺　五八悪水記念碑　蓮華寺　目比川　源佐橋　道標　奥津社の三角縁神獣鏡

木田

木田駅を200mほど西進すると、かつての街道の雰囲気を残しつつある町並みが現れます。ここは江戸時代、1731年（享保16）より六斎市、藩公認の市が開設されて以来、昭和初期にいたるまで宿屋、呉服屋が並ぶ賑やかな商店街でした。また木田といえば江戸時代の国学者大館高門《おおだちたかかど》の出身地でもあります。大館高門は、本居宣長の高弟で、和歌はじめ蹴鞠、医術にいたるまでをこなす文化人で、尾張を代表する南画家の中林竹洞等との交友も盛んでした。彼の菩提寺福田寺《ふくでんじ》は真宗大谷派寺院で、建物は竹中工務店の前身である竹中家が設計施工したといわれています。

木田八劔《はっけん》社の秋の例祭（毎年10月第2日曜午前）に執りおこなわれる「湯の花神事」は、境内地にクドを築く昔ながらのスタイルを継承しており、神事で使用される鉄釜も1802年（享和2）製造と歴史があります。湯は参拝者に振る舞われ、飲めば無病で暮らせると言い伝わっています。ちなみに五つの釜のうち一つは高門による奉納です。

湯の花神事

法蔵寺

森山の地名にもなった十二所社、南北の道をはさんで尾張西国三十三所観音の十九番札

雪操庵呂江碑

鉄地蔵

所である慶運寺《けいうんじ》は、どちらも由緒ははっきりしないものの、古くより地域の信仰厚い社寺です。慶運寺の墓石群中に、「寺子屋師匠の宮治周平・雪操庵呂江《せっそうあんろこう》」と雅号の刻まれた立派な筆子塚があります。作家で文芸評論家の江藤淳《えとうじゅん》はかれの孫にあたります。彼の著書『一族再会』には、自らのルーツを求め、この地域をさまよい、訪ね歩く姿が綴られ、この地を訪れる前に読んでおくと追体験できておもしろいのではないでしょうか。

ここから、さらに150m北にある法蔵寺の本尊は1230年（寛喜2）の銘がある鉄《てつ》地蔵《じぞう》で、鉄造の仏像としては国内で二番目に古く、像高158cmと大きいものです。伝承では戦国時代、蜂須賀小六《はちすかころく》が桶狭間の戦いの際、戦勝を祈願する目的で戦場に持参しようと蓮華寺に祀られていた本像を持参するも、あまりの重さに耐えかねこの地に置き像の錫杖のみを携えて出陣し見事に勝利しました。錫杖はその後、蜂須賀家の家宝となり、その一方、鉄地蔵は村人によってこの地に祀られたそうです。鉄地蔵の拝観には事前申し込みが必要です。

五八悪水記念碑

五八悪水記念碑

悪水路である八ケ川《はっかがわ》にかかる四間橋《しけんばし》、その西詰の北側に建つ石碑は、お墓のように見えますが実は江戸時代後期に建立された治水碑です。地元では「五八悪水記念碑」と呼ばれ、石碑には津島街道の北にある上8か村と道の南に位置する下5か村が雨水等の排水をめぐる40年に及ぶ長い水争いの歴史が連綿と刻まれており、まさにこの地域の歴史を象徴する

三株柿乃古覧（『尾張名所図会』付録第５巻）愛知県図書館所蔵

石碑といえます。西尾張中央道の西、名鉄津島線の南に三本柿という地名があり、ここは日光川の開削以前、津島神社への近道として利用された古街道の入口であり、そこには三種の実がなる柿の木があることから「三本柿街道」と称されました。『尾張名所図会付録』には、毎年実が熟すとカラスが枝ごと咥え、それを熱田神宮に奉納する様子が描かれています。

蓮華寺

津島街道を西に歩いていくと、青塚駅の手前に弘法大師の碑があります。ここからさらに６００ｍほど北上すると蓮華寺があります。江戸時代の地誌『尾張名所図会』をみるとこの場所に座り込んでいる人物が見受けられます。江戸後期発刊の『津島土産（津島廻りひざくりげ）』で書かれているように、彼らは津島参りの道中で蓮華寺の近くを通ったものの、蓮華寺まではまだ距離があるためここで参拝したことにしていました。碑の周辺の土地は、蓮華寺が所有する一角であり、明治時代頃はこの場所に茶屋がありました。茶屋には仏像が置かれており、往復１・２㎞がもったいないとここでお参りを済ます人もいたそうです。

戦国武将蜂須賀正勝とその子家政の菩提寺として知られる蓮華寺は、あま市の古刹で８１８年（弘仁9）弘法大師によって開基されたといわれています。蓮華寺は地元では蜂須賀弘法の名で親しまれ、格別に賑わうのが弘法大師の開帳と併せておこなわれる「二十五菩薩来迎会《らいごうえ》」です。１６０８年（慶長13）に奉納されて以来、現在では毎年4月の第3日曜日におこなわれています。二十五の菩薩が現世に現れ民衆を極楽浄土に導く様子を再現する伝統行事で、市の無形民俗文化財に指定されています。来迎橋を渡って現世に現れた

蓮華寺

蜂須賀城趾

菩薩に頭を撫でてもらうと厄難が払われると信じられています。

ここ蜂須賀出身の戦国武将である蜂須賀正勝《まさかつ》は、信長亡きあとは秀吉の名参謀として活躍した武将です。中国地方毛利攻めにおいては備中高松城（岡山県）の水攻めで手腕を発揮し、開城を成功させて秀吉の中国大返しの立役者にもなりました。正勝の息子の家政《いえまさ》は、蜂須賀に生まれたともいわれ、父とともに秀吉に仕え阿波国（徳島県）を拝領しました。蜂須賀家は蓮華寺に所領を寄進して代々保護してきましたが、家政は阿波に移封されたのちも蓮華寺を菩提寺として保護し、本堂の再建や仁王門も寄進したと伝えられています。

境内北の「蜂須賀山」には正勝と家政の合葬墓碑があり、彼らを顕彰する「蜂須賀小六正勝公碑」と書かれた石碑が蓮華寺仁王門の南西、蜂須賀城趾に建っています。顕彰碑のすぐ脇にある石碑は「蜂須賀城趾」を表すもので、さらにここから南１００ｍほどの所には「蜂須賀小六正勝公旧宅趾」の碑が残されており、かつては本丸の中心部であったと考えられています。

蓮華寺境内の北部、大師堂西側に作庭された庭園は愛知県文化財名勝指定地域となっています。自然の山水の景色を写してつくられる庭園の様式で、室町時代以前の築造になると推定されています。

この一帯、蓮華寺の寺叢《じそう》部分は、愛知県自然環境保全地域となっています。尾張地方では各地で開発が進み、とくに尾張西部の平野は都市化により自然植生の姿をとどめる常緑広葉樹林はほとんどなくなりましたが、蓮華寺の寺叢は自然林が繁茂し、この地方が開発

奥津社の三角縁神獣鏡（日・月銘獣文帯四神四獣鏡）愛西市教育委員会提供

上空より見る目比川の決壊状況　愛西市教育委員会提供

される以前の本来の自然植生を知るうえで貴重な存在となっています。保全地域内には、三角測量の経度・緯度・標高の基準となる二等三角点が設置されています。

目比川　源佐橋　道標　奥津社の三角縁神獣鏡

青塚駅を過ぎると小さな橋を渡ります。川の名は目比川。どう読んだらよいのでしょうか？　近所の古老に聞いてみました。「むくいがわ」と読むそうです。何でもこの上流に裳咋《もくい》神社という神社があり、その名に由来するそうです。

この川は、1976年（昭和51）9月9日に秋雨前線の影響を受けこの橋の下流の千引というところで決壊しました。

この地域に甚大な被害をもたらした目比川の決壊ですが、意外と世には知られてはいません。というのもこの3日後長良川が安八（大垣市）で決壊したために、この目比川の決壊は世に報道されなくなったためではないでしょうか。目比川なのに報われない話です。

この千引には県指定文化財の三角縁神獣鏡が伝わる奥津《おくつ》神社があります。この奥津神社は小高い丘となっており、古墳と考えられています。おそらくこの古墳から鏡が出土したのではないかと考えられています。三角縁神獣鏡は長らく社殿の中に保管されていましたが、1976年（昭和51）古鏡調査に訪れた研究者の目にとまり世に広く知られるようになりました。現在は熱田神宮宝物館に寄託されています。何でもこの奥津神社の神様は女の神様で、大事にしていた鏡を熱田へ持って行かれたことを悲しんで、先の洪水を招いたといわれています。その後代わりの鏡を据えたところそれ以降洪水に遭っていないそうです。本当かどうかはわかりませんが、

源佐橋

道標

女性を怒らせると怖いのは今も昔も変わらないようです。

さて、もう一度目比川に架かる橋に戻りましょう。

この橋の欄干をみると「源佐《げんざ》橋」とあります。これまた奇妙な名前の橋ですね。再び古老に訪ねてみました。何でも「源左」なる人物に由来するということですが、よくわからないとのこと。

橋のたもとにある家の庭に道標が建っています。「三宅村牛頭天王道」と書いてあります。1828年（文政11）に建てられたものです。三宅村の牛頭天王は津島神社の元宮と言われており、そこの境内の巨石群はストーンサークルの痕跡ではと唱える学者もいたそうです。ふと見ると橋のたもとから北西方向に斜めに走る道があります。これが牛頭天王道なのでしょう。

勝幡の町並み

勝幡から津島

勝幡　駅前広場　おこわまつり　道標　勝幡城址　小津　湊　猿尾　佐織歴史民俗資料室
釜地蔵寺　津田正生宅趾　六合庵碑　兼平　津島北高等学校

勝幡　駅前広場　おこわまつり　道標　勝幡城址

街道を進むと勝幡《しょばた》の地へ入ります。

勝幡は津島街道の中でも甚目寺と並んで町場化していました。中世、大中臣安長《おおなかとみのやすなが》なる人物が一時期勝幡に国衙《こくが》を移転したという話ものこっておりこの地が古くから栄えていたことがわかります。この地に目をつけたのが織田信長の祖父織田信定です。彼は清須三奉行の一人で津島を押さえるべく勝幡城を建て、津島をその支配下におきました。この勝幡城では織田信秀、織田信長が生誕しています。

現在名鉄勝幡駅前広場では、織田信秀と土田御前に抱かれた吉法師の像があります。国内に信長の像は数多くありますが、日本一若い信長像だとか。確かに間違いありません。

この像のすぐ西側には東屋があり、その東屋には勝幡城の模型があります。最新の研究を踏まえて作製された模型で、現在石碑のみがのこる城址へ行く前にぜひこの模型をみてから訪れることをおすすめします。この駅前広場には若き日の信長を描いたモザイク画も楽しむことができます。

ここでもう一度津島街道に戻りましょう。

勝幡神社
三宅川
福應寺
勝幡稲荷
西蓮寺
勝幡駅前広場
領内川
津島街道
小津橋
猿尾
勝幡駅
佐織歴史民俗
資料室
釜地蔵寺
津田正生宅趾
名鉄尾西線
六合庵碑
津島北高等学校
六所社
名鉄津島線
津島神社
日光川
目比川
ヨシヅヤ
大龍寺
雲居寺
不動院
津島の
オオムク
良王神社
清正公社
市神社
千体仏
常楽禅寺
成信坊
津島駅
観光交流
センター
観音寺
堀田家
住宅
氷室作太夫家住居
天王川公園
端泉寺
佐屋路

道標

津島街道をそのまま真っすぐ西に進むと突き当たり左に折れます。その角に道標が建っています。

南　右　なごや道
東　左　つしま道
北　天保六年未六月吉日　勝幡取持　かご連
西　つしま美濃屋與左衛門　なごや杉屋佐助

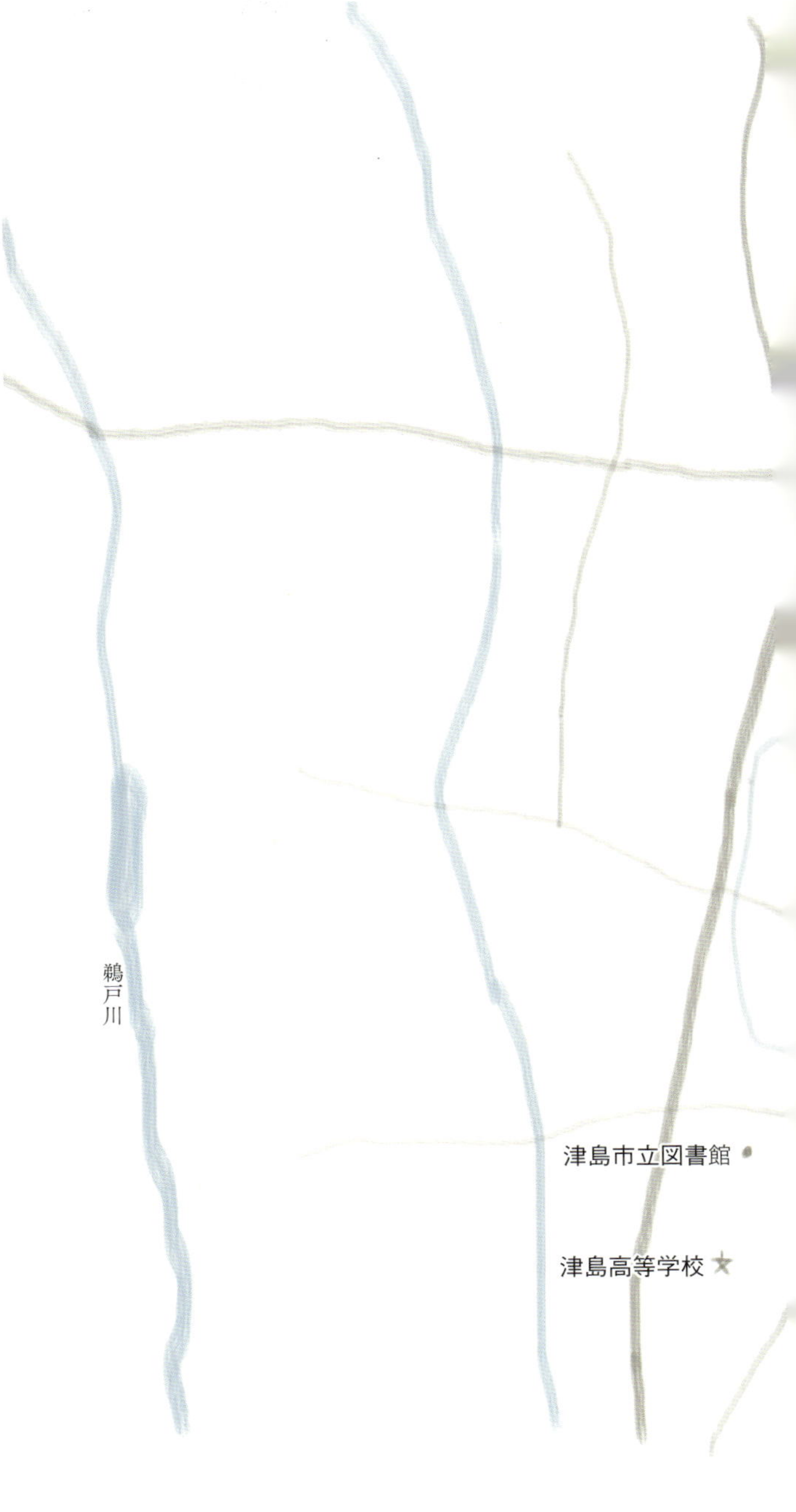

勝幡おこわまつり

北へ向かう道は、かつて清須と勝幡をつなぐ清須街道でした。信秀や信長も若き日にこの道を通ったのではと歴史ロマンにひたってみるのもよいのではないでしょうか。

左折し津島街道を進むと勝幡の街中を通っていきます。右に福應寺《ふくおうじ》や西蓮寺《さいれんじ》といった古刹があり、左には勝幡稲荷がひっそりと佇んでいます。そしてかつての勝幡の郵便局舎が今なおのこり、その壁には日比川決壊の際の水位表示が設置されています。そして道は二手に分かれ、左へ行くと先述の勝幡駅前へ向かいます。右に行くと堤防を上り三宅川、日光川へと道は続いていきます。

もし勝幡の歴史や文化を楽しみたいのであれば、こんなルートもあります。

道標を左折しすぐに右折する道があります。この道を右折し、毎年3月第2日曜日に実施される尾張地域の奇祭「尾張西部のオコワ祭」の一つ勝幡おこわまつりの舞台となる勝幡神社があります。オコワを樽に詰め事前に編まれたコモの中に入れ神前に供え、神事終了後役員らの手によって境内の石にコモに包まれたオコワ樽をぶつけます。中のオコワが餅状になったところで周辺に集まった老若男女がオコワを奪い合います。このオコワを食べると無病息災、樽の木片を噛めば歯痛が治る、木片を神棚に供えると雷除《よ》けになるといわれています。

勝幡神社をさらに西進すると勝幡城址の碑の前に出ます。織田信秀が京の公家山科言継一行を招いた城、そしてその子信長が1534年（天文3）5月28日に出生した城です。西に流れる日光川左岸を南下していくと左に林がみえます。そこにもう一つ勝幡城址の碑があります。ここまで足を運んだのであればぜひ南北二つの碑をご覧いただきたいものです。

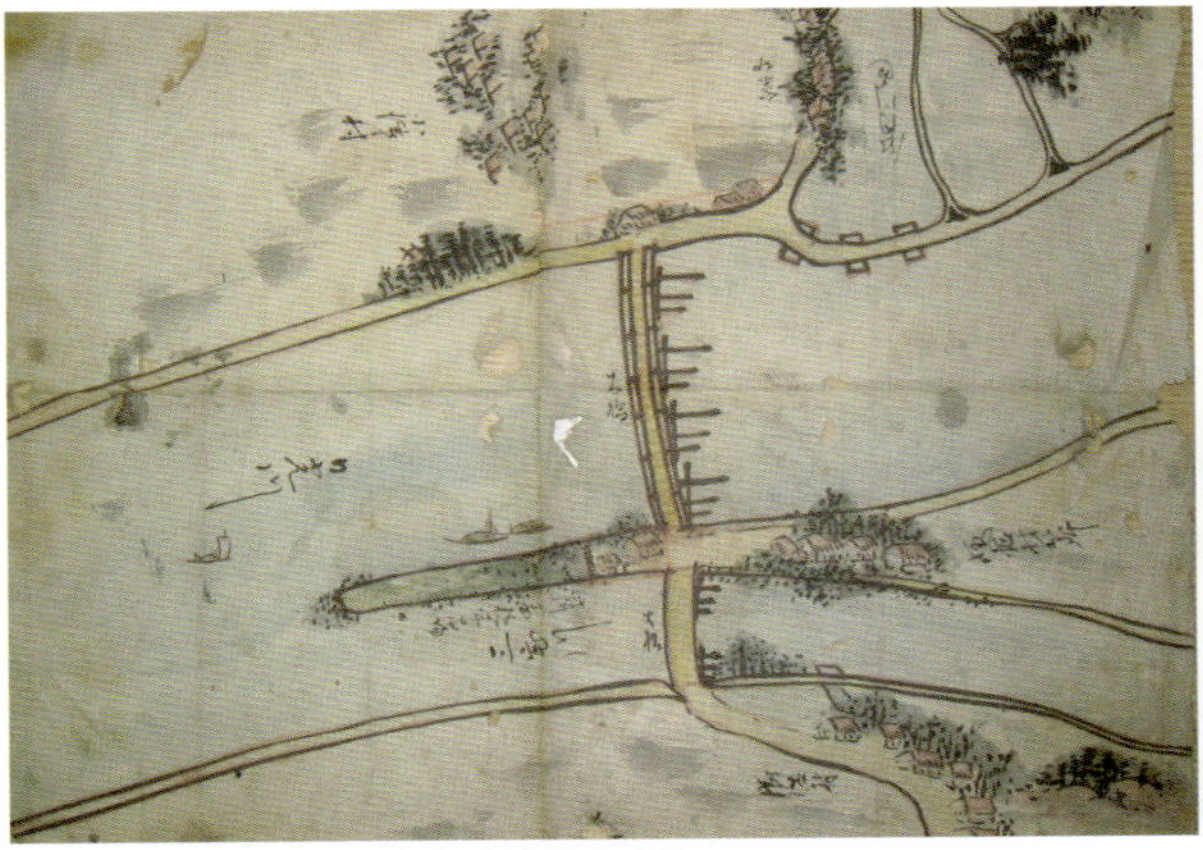
日光川猿尾絵図　愛西市教育委員会所蔵

勝幡城址

小津湊　猿尾

勝幡の街をぬけると、三宅川と日光川の二つの大きな川を渡ります。日光川に架かる小津橋から北を望むと橋のすぐ北側で領内川が日光川に合流している。その様子を絵図で見ると図のようになります。要するに、この小津近辺で、三宅川・日光川・領内川の三つの河川が合流していることになります。三つの河川が同時に合流するということは、平時では別段問題ありませんが、上流部で降雨があると上流部の雨水が一度にこの地域に押し寄せることになります。そうすると低地のこの勝幡・小津地区は洪水に見舞われることは必然です。

そこでまず小津橋北において領内川と日光川を合流させ、三宅川をやや下流部まで引水して合流させるよう日光川と三宅川の間に猿尾《さるお》という施設を設けました。昔からこの地域は低地で水害に悩まされてきた地域だけに洪水から身を守ることが生活課題でした。当然政治に携わるものにとって治水が重要な政治課題でもありました。この猿尾は先人たちがつくりあげてきた治水技術であり、今日なおそれが活かされている数少ない事例でしょう。

猿尾の現況

勝幡橋や小津橋近辺はかつて日光川水運の拠点で両側に湊がありました。かつて船による輸送が盛んだった頃、小津までは大型船が入り、そこか

日光川、三宅川合流地点（1930 年ごろ）愛西市教育委員会所蔵

らセドリと呼ばれる小型船に荷物を積み替えたそうです。

現在では、モータリゼーションの発達により、船による輸送はまったく見られなくなりました。また、堤防護岸工事が進められ、堤防沿いの商家の姿は消え、往時の小津湊・勝幡湊は過去の歴史と化してしまいました。

江戸時代の初期に海外で活躍した山田長政《やまだながまさ》という人物がいます。この山田長政の出自をめぐって伊勢説、長崎説、駿府（静岡）説等があり、駿府説が有力視されていましたが、近年では山田長政の出生地として最有力なのはこの小津だといわれています。現在ではあまり知られていませんが、かつて佐織高等小学校（現在の佐織中学校）の校歌の一節にうたわれ、『愛知縣海東郡志』にも紹介されていました。

佐織歴史民俗資料室

愛西市佐織公民館の一階にあります。展示スペースはさほど広くありませんが、佐織地区の歴史がコンパクトにまとめられています。

佐織地区内から受贈・受託した遺物や文献資料、民具資料等をスペースいっぱいに展示しています。とくに注目していただきたいのは、かの織田信長が勝幡で誕生したという説を裏付ける『尾州古城志』。もう一つの目玉は、18

【コラム】

アメリカ移民　六所社

根高を通り過ぎ、六合庵址の碑にたどり着く直前に左方をみると眼下に神社がみえます。これが見越の六所社。大きな松が一本だけ斜めに伸びているから一目見ればわかるでしょう。何でもこの大きな松は1959年（昭和34）この地方を襲撃した伊勢湾台風によって斜めに倒れたのだそうです。台風の被害の大きさを物語る資料といえます。

さてこの神社の正面にまわると、左に社標があります。その裏面をみるとこの神社に寄附した人たちの名前が刻みこまれています。一見何ら変哲のない社標ですが、その文字をみると、「寄附者人名」まではどこにでもある表記、その続きをみると「在米国者」とあり、若山角三郎他36名の名が記されています。1914年の拝殿等改修の際にこの見越出身のアメリカ移民36名が寄附したことを記しています。

この海部津島地域は、1890年代にマルジマ・コロンブスこと二子出身の山田芳男や見越出身の高橋増右衛門といった移民先駆者によって渡米の道が切り開かれ、多くの人々が渡米した愛知県きっての渡米者送出地域でした。中でもこの佐織地域は全国的にみても有数の渡米者送出地域でした。とくにこの見越は、小さな集落ながら一軒に約1.5人の割合で渡米したといわれています（『北米愛知県人誌』）。

彼らの大半がカリフォルニアの河下と呼ばれるサクラメント市付近で農業に従事し、サクラメント河沿いのウォールナッツグローヴは愛知県出身者が集住し「北米の愛知村」などと呼ばれていました。1900年以降排日の動きが高まり、太平洋戦争勃発によって移民していた人々は強制収容所に連行されました。現地で生まれた二世の中には米兵として戦地へ赴いた者もいました。ただ彼らのほとんどがルーツである日本とは戦うことをせず、ヨーロッパへ赴きました。第二次世界大戦において過酷な戦いを強いられた442部隊に参加していた者もいたそうです。

100年以上の年月が経過して、アメリカ移民の歴史は風化しつつあります。小さな集落のこの神社は、アメリカ移民と伊勢湾台風といった人々の記憶から忘れられようとしている大事なものを我々に教えてくれるかのように静かに佇んでいます。（石田泰弘）

六所社

六所社内の社標

佐織歴史民俗資料室

釜地蔵寺

38年（天保9）閏4月に諸桑《もろぐわ》村から発掘された古船の木片です。この木片は、国内最古の古船の発掘事例として知られ、日本の船の歴史を考えるうえで貴重な資料です。

また佐織の地名の由来となった佐織縞《さおりしま》はかつて一世を風靡しましたが、現在では幻の縞と化してしまいました。当時織られていた貴重な佐織縞を見ることができます。

愛西市は近代に入り多くのアメリカ移民を輩出した地域でした。そのため移民に関する資料も展示しています。一部の資料は横浜市にある海外移住資料館にその複製が展示されています。かつてここで開催された「海部津島のアメリカ移民展」は、サクラメント愛知県人会、ストックトン愛知親睦会、サンフランシスコ愛知系友会の協力を得て収集した資料を展示し、『シカゴ日報』にも紹介されました。国内でもアメリカ移民を扱う資料館が少ないだけに貴重な施設といえるのではないでしょうか。

釜地蔵寺　津田正生宅趾　六合庵碑

諏訪を通り越すと、根高の地へ入ります。街道沿いに古刹釜地蔵寺《かまじぞうじ》があります。真言宗智山派の寺院で、本尊の鋳鉄地蔵菩薩立像《ちゅうせつじぞうぼさつりゅうぞう》は釜の蓋の上に立っているところから釜地蔵と呼ばれています。

縁起等をみると、安丸なる子供が継母《ままはは》のいじめに遭い、父親の留守中に煮えたぎった釜の中に放り込まれてしまいました。しかし、そこで安丸が日常から崇敬していた地蔵さまが身替りとなり安丸を助けたという伝説がのこっています。

鋳鉄地蔵菩薩立像
（釜地蔵）

尾張地域は全国的にみても鉄仏が多い地域として知られています。鉄分を多く含んだ「そぶ」水は祖父江《そぶえ》の地名の由来となっています。この地域では

六合庵碑

津田正生宅跡

古くから製鉄の技術が展開していたようで、近隣の遺跡からは鉄製品が出土しています。

釜地蔵寺の鋳鉄地蔵菩薩立像は、1653年（承応2）の作で、尾張に展開する一連の鉄仏の中でも銘記が新しい点に特徴があります。尾張における製鉄の歴史を考えるうえでも貴重な資料となるでしょう。

釜地蔵寺を出て津島へ向かう途中左側に一つの碑が立っているのに気づくでしょうか。津田正生宅趾と記されています。津田正生って誰なんでしょう？　早速地元の人に聞いてみました。津田正生は江戸時代この地域で酒屋を営んでいた人物で、幼い頃はあまり勉強しませんでしたが、一念発起して学問を志、師についたり、書籍を読んだりして、ついには尾張の地名辞典ともいうべき『尾張地名考』をまとめた文人のことでした。彼は家の前を通る津島街道沿いに茶席を設けて、無料で湯茶を提供しました。今日ボランティアなんていう言葉が普及していますが、彼の行為は正しく呈茶ボランティアといえるでしょう。彼にとって六合庵は呈茶を介して社交の場であったと同時に、道行く人々から多くの情報をえる情報取得の場でもありました。この六合庵、正生の没後売却され、何人かの手を経て最終的に津島との境の見越町に移されました。現在は取り壊され六合庵の碑だけが「是より西つしま」の碑とともに街道の路傍に建っています。

兼平

「是より西つしま」の碑を過ぎると、ここは津島市兼平町。かつてこの津島街道は堤防上を通っていたことからこのあたりの道を「鐘平堤」と称していたようです。津島市には、1403年（応永10）10月に鋳造された牛頭天王の鐘が、市内最古の梵鐘として市指定文化財になっています。この鐘が鋳造されたのにちなんで「鐘平」と呼ばれるようになったといわれています。兼平でつくられたものかどうかは、詳らかではありませんが、14

津島北高等学校

兼平堤

93年（明応2）には、津島で鋳造された聖観音像が富士山に造立されています。津島では、15世紀ころには、すでに盛んに製鉄業がおこなわれていたことがわかります。江戸時代、尾張藩内において津田助左衛門の配下に多くの鍛冶集団が編成されていました。最も規模が大きかったのが大野鍛冶で、大野に次いで大きかった集団として津島鍛冶があげられます。この兼平には鍛冶屋が集住していました。

1924年（大正13）尾西鉄道兼平駅が設置されましたが、1944年（昭和19）休止され、1959年（昭和34）移転し再稼働しました。これが現在の町方駅です。

津島北高等学校

兼平の集落に沿って流れる新堀川はかつての天王川の名残です。この新堀川をはさんで対岸には県立津島北高等学校がみえます。

津島北高は、津島周辺のこの地域が一大織物生産地帯であったことから、1951年（昭和26）津島高等女学校の跡地に津島工業高等学校として開校しました。1953年（昭和28）色染科、商業科を増設し、津島商工高等学校と改称し、現在地へ移転しました。

1976年（昭和51）工業系学科が独立して、佐織工業高等学校が開校したため、津島北高等学校と改称し現在に至っています。部活動が盛んで、野球部は1957年（昭和32）第39回全国高校野球選手権大会に出場、ラグビー部も2回全国高校ラグビー大会に出場しています。

【コラム】

良王伝説

津島には良王町《りょうおう》という地名があります。これは後醍醐《ごだいご》天皇の曾孫《ひまご》にあたる良王君《よしたか》に基づくものです。室町時代前期の古書『浪合記《なみあいき》』や『信濃宮伝《しなののみやでん》』には、良王君にまつわる伝説があります。『浪合記』は後世の偽作《ぎさく》とも伝わっていますが、ここにその内容を簡略に紹介します。

1398年（応永5）、後醍醐天皇の孫である尹良親王は北朝方から逃れるため、吉野（奈良県）から従者を供奉して上野国（群馬県）に向かいました。その後、信濃（長野県）に入り、尹良《ゆきよし》親王が北朝方に襲われ自害すると、嫡子である良王は1435年（永享7）、尾張国津島を目指し、12月29日大橋定省《さだみ》の奴野城《ぬのやじょう》に入りました。津島の四家七名字と呼ばれる大橋・岡本・山川・恒川及び堀田・平野・服部・鈴木・真野・光賀・河村、そして宇佐美・開田・野々村・宇都宮が供奉《ぐぶ》したといわれます。

奴野城は現在の西方寺《さいほうじ》にあったと伝えられ、また尹良親王の菩提寺が大龍寺《だいりゅうじ》、良王君の墓所が良王神社、菩提寺が瑞泉寺《ずいせんじ》とゆかりの地も残っています。（佐藤路子）

良王神社

津島

津島のオオムク　大龍寺　雲居寺　不動院　成信坊　津島市観光交流センター　千体仏
常楽禅寺　観音寺と白山信仰　津島神社　堀田家住宅　尾張津島天王祭　瑞泉寺　津島高等学校
津島市立図書館

津島のオオムク

兼平をさらに進んでいくと左側に大きなショッピングセンターが見えてきます。ここは片岡町。かつて片岡毛織物株式会社があった地です。

片岡毛織は、「毛織物の父」と呼ばれる片岡春吉が起業した会社。彼が開発した片岡式織機は、高品質な毛織物を大量生産することを可能にし、津島を含めた尾張西部地域は一大毛織物産業地帯へと変貌を遂げるところとなりました。現在、宮川町の天王川公園内には春吉の銅像が立ち、彼の偉業を今に伝えています。

ショッピングセンターの交差点を渡り少し脇道にそれると、そこは城之越町。かつて尾張藩祖の徳川義直が造った津島御殿があったといわれています。1618年（元和4）に鷹狩のための休憩所として造営された津島御殿は、『張州雑志』によると、四方に堀をめぐらせ、土居には竹を植えて竹林として、天王川堤と敷地内には大榎が26本、椋が21本描かれています。その中で最後まで残っていたのは国の天然記念物に指定されていた津島のオオムク。このオオムクは昭和10年代には樹勢も旺盛で、四方に枝を伸ばし森のようで

天然紀念物津島ノ大椋の碑

不動院

雲居寺

大龍寺

五百羅漢

あったといわれていますが、伊勢湾台風以降には急激に衰えていき、1993年（平成5）には倒れてしまったため、現在は椋がそびえていた敷地と碑が残るのみとなっています。

大龍寺　雲居寺　不動院

もう一度、街道へ戻って津島へ向かうと、「雲居寺《うんご》」の看板が目に入ります。この看板を目安に左折すると間もなく雲居寺です。雲居寺は、曹洞宗の寺院で、本尊は薬師如来。織田信長に仕え、1560年（永禄3）桶狭間の戦いの際に、今川義元に一番槍をつけたことで有名な服部小平太の菩提寺であり、本堂左横には、色彩豊かな五百羅漢像が並ぶ五百羅漢堂があります。海東西新四国八十八ケ所六十五番札所でもあります。

雲居寺の東隣にあるのが不動院。真言宗の寺院で、創建は不詳ですが、1490年（延徳2）に再興されており、数ある津島の寺院の中でも最も古い寺の一つです。市指定文化財の絹本著色十二天画像、1534年（天文3）銘の鰐口《わにぐち》、1419年（応永26）の像内墨書銘のある木造地蔵菩薩坐像などが伝わっています。1526年（大永6）、連歌師の宗長《そうちょう》が津島を訪れた際、当時不動院は正覚院と称し、ここで宿泊、旅宿は津島の正覚院、領主であった織田信定・信秀父子が挨拶にきたと記録しています（『宗長手記』）。

街道に戻り津島へ歩を進めると、通りに出る手前に右手（西

市神社

清正公社への道標

方）に入る道があります。そこを入ると大龍寺《だいりゅうじ》です。

大龍寺は、西山浄土宗の寺院で、当国二十二番札所でした。本尊は阿弥陀如来で、隅観音と呼ばれる秘仏の十一面観音像も安置されています。織田信長の長男・信忠による1576年（天正4）の禁制や南朝の遺児良王の伝説を記す『浪合記』・『信濃宮伝』も伝わっています。境内には、1391年（明徳2）の宝篋印塔《ほうきょういんとう》も伝来しています。

成信坊

大龍寺をあとにして、さらに街道を歩いていくと、左側に市神《いちがみ》社がみえます。大市比売命という市場の神様が祀られていて、創建は1381年（弘和元）と伝えられています。旧暦正月十日には十日市祭がおこなわれるほか、1711年（正徳元）笹に提灯をつけ笠鉾を出したことに始まり、1718年（享保3）から山車を出すようになった七切《ななきり》祭は、現在は尾張津島秋まつりとして10月第1日曜日とその前日におこなわれ、豪華絢爛な山車文化を今に伝えています。

市神社をさらに進むと、右側に「清正公遺〔跡〕」という文字が刻まれた道標があります。せっかくですからちょっと立ち寄ってみましょう。

するとありました、清正公社《せいしょうこうしゃ》。かの加藤清正が幼いころ寄寓《きぐう》していたといわれる叔父の家があったとされる場所に1885年（明治18）建てられたといわれています。清正が10歳のころ、叔父の家に群盗が押し入り、家財を奪おうとしたところを、叔父の家にあった鬼面を用いて撃退したという逸話があり、この鬼面を用いて、大江山の鬼退治を模した鬼祭が上河原《かみがわら》町内に伝

清正公社

成信坊

上切の井戸

わっています。戦前は陰暦7月20日におこなわれていました。親鬼は猩々緋《しょうじょうひ》のどてらを着け、黒のビロードの帯を締めて大ぶくりをはいて、大うちわや酒盃、銚子、鬼の片腕を乗せた車が行列を供奉します。境内には加藤清正公遺跡の碑が建てられていて、津島市の祖先の遺産に認定されています。

もう一度街道に戻ると、間もなく左側に成信坊がみえてきます。

成信坊は、もとは天台宗でしたが、後に浄土真宗へ改宗しました。長島一向一揆の際に、教如上人の身代わりになった功績から、津島御坊の称号が授けられたといわれています。山門をくぐると境内には石臼に使われていた石が敷かれていたということで、「ひきうす寺」とも呼ばれていて、現在でもその一部が残っています。成信坊には、木喰明満《もくじきみょうまん》作木造薬師如来坐像《ざぞう》が伝わっています。

津島市観光交流センター

成信坊から再び街道に戻ると、上切の井戸があります。かつて水道がなかった頃、この地域ではこうした井戸がライフラインでした。市内各地に井戸の跡がみられます。

上切の井戸を過ぎると右側に近代的な建物があらわれます。

かつて旧津島信用金庫（現いちい信用金庫）本店であったこの建物は現在、観光交流センターとして活用されています。1929年（昭和4）に建築された銀行建築で、柱や梁、床などすべてを鉄筋コンクリート造りで建てられたものです。正面は「復興式」と呼ばれていて、西洋建築のルネッサンス様式を基調としながら、意匠や装飾を簡略化した趣のあ

津島市観光交流センター

東海銀行津島支店（1947 年）（現在の観光交流センター）
津島市立図書館提供

【コラム】

お茶室ロード

津島の本町筋には、町家が多く残っており、その外観は瓦葺切妻造りの平入りで２階建て、１階、２階ともに格子窓が入っていることに特徴があります。津島の町家は商家が多いので、正面は格子窓で開放的、間口が狭いが奥行きが深くなることで、表に店を構え、座敷や居間は奥になっていました。そして、津島の町家の最も大きな特徴は、多くの場合、茶室が設けられていることにあるということです。しかも、一つの町家に複数の茶室があることが多いそうです。茶室の様相も一つではなく、大きさや位置など、趣向を凝らしたものが多く存在しています。これは全国的にもまれなことであり、コラムのタイトルである「お茶室ロード」は、このような町家の中にさまざまな工夫を凝らした多種多様のお茶室が並んでいる津島の本町筋を、名古屋市立大学の瀬口哲夫氏が名づけました。

津島には、煎茶の代わりに抹茶を客に出す縁側茶や、農作業の合間に抹茶を点てる野良茶という、日常的に抹茶を楽しむ風習がありました。こういった文化の背景とともに、津島のまちが戦禍を逃れたおかげで、町家の数々が今に伝わっています。

現在では、茶の湯文化に触れる機会は減ってきていますが、津島を訪れ、訪ねた先でお抹茶を振る舞われた際には、ぜひ津島のお茶文化に触れてみていただきたいものです。（佐藤路子）

お茶ロード

1926年ごろの津島町
画面右下から左上に向かって、ゆるやかにカーブを描きながら本町通りが通っているのがわかる。
津島市立図書館提供

る建築様式を取り入れています。観光交流センターには尾張津島天王祭の宵祭のまきわら舟の模型や、津島の祭の紹介パネルなどが展示されていて、津島の魅力を伝える一つの場所となっています。

観光交流センターの奥には茶室があります。この地域は喫茶習俗が盛んな地域で、とくに抹茶を日常的に飲用する全国的にみても珍しい地域です。『津島町史』によれば、「宇治の茶は津島で消費する」なんていわれるほど抹茶を愛飲していました。市内各地に茶商が存在し、茶室を有する豪家が多く、この津島街道沿いには趣向を凝らした茶室が点在することから「お茶室ロード」とも呼ばれています。

千体仏

観光交流センターを出て、津島駅から津島神社へ向かう天王通りに出ると津島市指定文化財でもある木造千体仏が納められた地蔵堂があります。江戸時代の僧で全国に作品をのこした円空が延宝年間（１６７３－１６８１）に制作したといわれ、21㎝の地蔵坐像を中心に、小仏が堂内はところ狭しとばかりにぎっしりと並んでいます。

円空仏は全国に５２００体以上発見されていますが、その中でも愛知県は３２００体以上を占め、全国でも最

常楽禅寺

千体仏

観音寺

も多く伝わる地域といわれています。円空は1632年（寛永9）、美濃国に生まれたとされ、その後全国を遊行し、各地に彫刻の仏像をのこしたといわれています。

常楽禅寺

千体地蔵堂前の天王通りを、少し津島駅の方に進んでみましょう。すると左手に曹洞宗補陀山常楽禅寺がみえてきます。津島神社の神主氷室家の菩提寺です。1392年（元中9）創建と伝わっています。門を入っていくと本堂があり、その横には代々氷室家の立派なお墓が並んでいます。

観音寺と白山信仰

さらに天王通りを駅に向かって進んで行きましょう。「天王通り五」の交差点を直進し、少し進んでいくと、マンションの手前に南に折れる小道があります。この小道を入ってすぐ、右手に天台宗牛頭山観音寺があります。

この観音寺は、11・12世紀頃創建といわれる見越（愛西市）の虚空蔵坊の寺跡を継いでいるといわれています。この虚空蔵坊は、かつて見越にあった大寺院極楽寺の塔頭でした。

1542年（天文11）、織田信長の父信秀はこの虚空蔵坊に津島五ヶ村（米之座《こめのざ》・堤下《とうげ》・今市場《いまいちば》・筏場《いかだば》・下構《しもがまえ》）の白山先達職を認めています。北陸の名山、白山の信仰がこの地域にも広がっていたことがわかります。

1891年（明治24）の濃尾大震災で本堂は倒壊し、189

津島神社楼門

津島神社

6年（明治29）再建されました。

津島神社

街道を先に進みたいところではありますが、やはり街道随一の名所である津島神社を目前とし、このまま通過するのはどうかと思われます。ここらで「西の祇園、東の津島」とも称され全国に分霊社がある津島神社に参ってみませんか。

ということで、天王通りを西に進み、津島神社へ歩を進めてまいりましょう。

津島神社は、明治期以前は津島牛頭天王社と呼ばれ、疫病除けの祭神・牛頭天王を祀っていました。創建は社伝によると540年（欽明天皇元）。史料上では1175年（承安5）に七寺所蔵大般若経の奥書が初見といわれています。

現在は建速須佐之男命を祀り、相殿に大穴牟遅命を祀っている。本殿は三間社流造《ながれづくり》檜皮葺。拝殿、廻廊、祭文殿などが左右対称に並ぶ「尾張造《おわりづくり》」であり、徳川家康の四男・松平忠吉《ただよし》の病気平癒を祈願して彼の妻が寄進したと伝えられています。楼門は、豊臣秀吉の寄進で、1592年（天正20）に建てられたといわれています。本殿と楼門、ともに国重要文化財に指定されています。また、南門は豊臣秀頼の寄進で福島正則が建立したと伝わっています。

また、社に伝わる剣（銘・長光）、及び太刀（銘・真守）もともに国重要文化財となっています。

交通の要衝であった津島において津島神社の発展には、織田信長の崇敬も一因として挙げられます。信長が領主であった時代以降、大宮殿の造営や境内の摂社・末社の造営、改修が進みました。津島神社の社紋と織田信長の家紋が同じ木瓜紋ということも、両者の密接な関係を物語っているといえます。

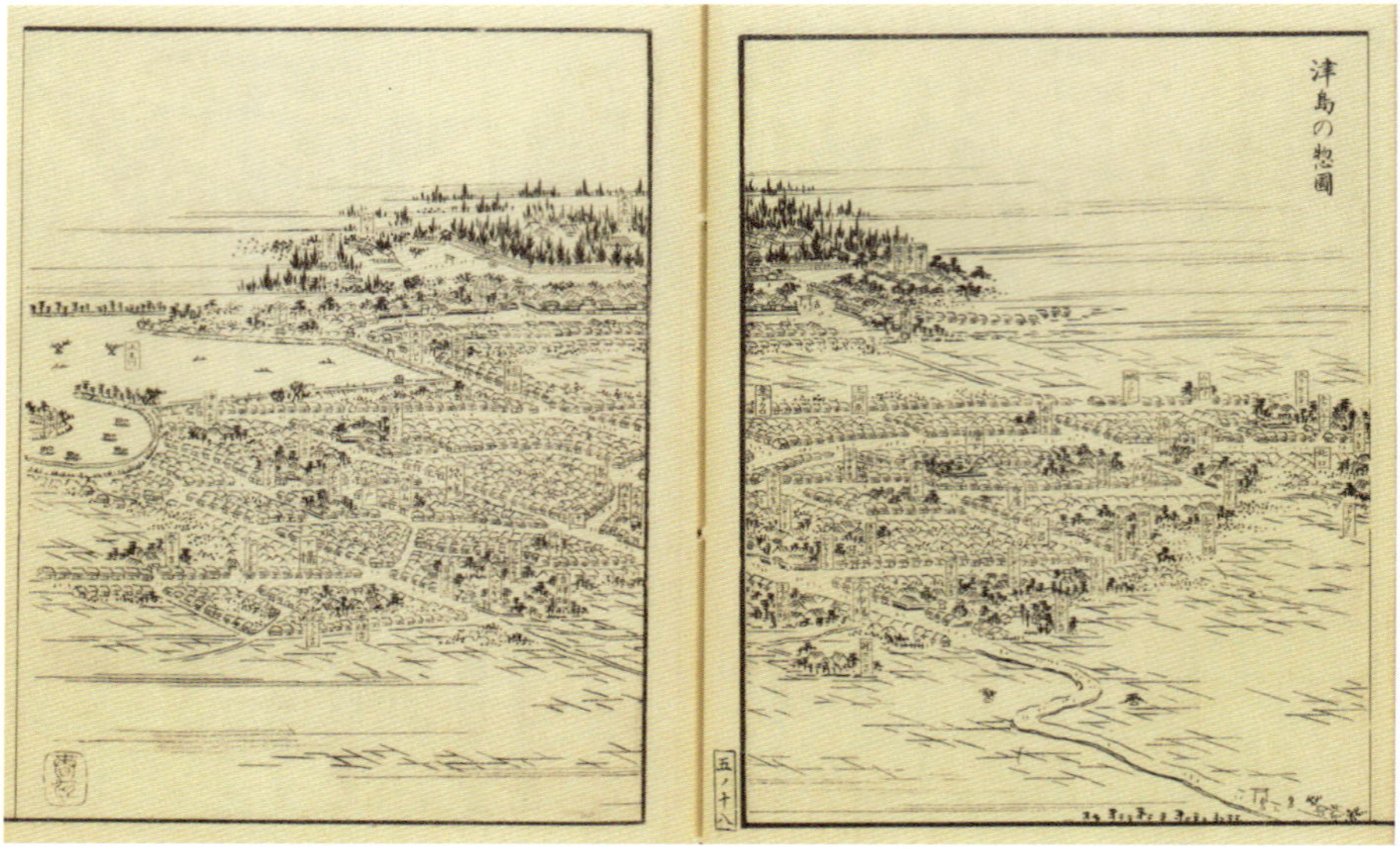

津島の惣圖（『尾張名所図会』付録第５巻）愛知県図書館所蔵

三つ石

あかだ、くつわのお店

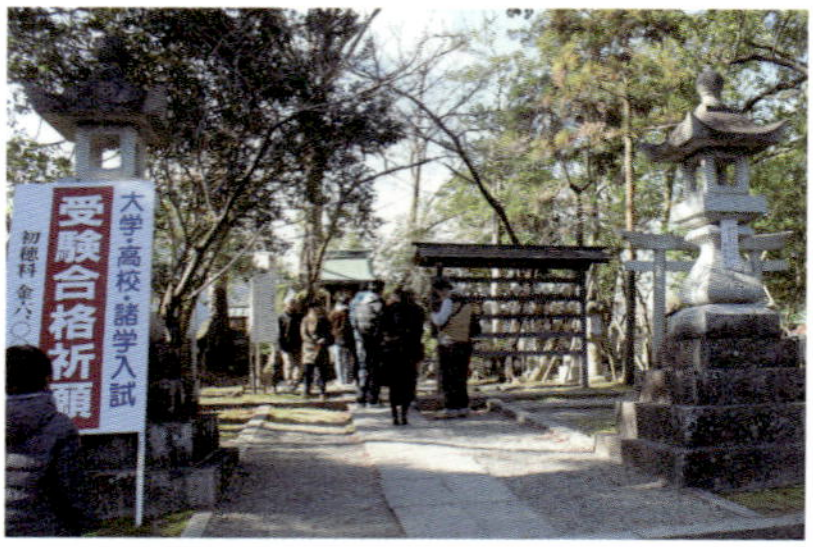

菅原社

あかだ　くつわ　津島市広報課提供

弥五郎殿社

氷室家

現在、境内には、弥五郎殿《やごろうでん》社、荒御魂《あらみたま》社、八柱《やはしら》社、居森《いもり》社などが並び建っています。社家の組織も戦国期後半から整いはじめたようです。かつて津島神社のある向島地区一帯には多くの社家の家が建ち並んでいました。

津島神社は1686年（貞享3）当時、神主家の氷室家以下、神官5人、神楽禰宜7人、神子方5人、庶子禰宜13人、社僧4寺という組織でした。庶子禰宜以下は家領を有していなかったため、廻檀活動により諸国に旦那をもつことで生計を立てていました。いわゆる津島御師であり、この活動は津島神社の信仰を全国（とくに東日本）に広めた要因の一つとなりました。有力御師の配下にあった手代は、多くは桑名の近くの大夫《たゆう》村（桑名市）に住み、伊豆・駿河・武蔵・下野・上野といった遠国を廻檀しました。

御師は、各地へ出かけ廻檀するばかりでなく、各地の檀那が来訪した際には宿泊させ、参拝の際にはツアーコンダクターのような役割を果たしました。神社近辺の祢宜町にはこうした御師の家がかつては多数ありました。現在、片町にのこる氷室作太夫家住居は、御師の活動を伝える数少ない家といわれています。母屋、長屋、門が市指定文化財となっています。

御師の活動等により、天王信仰が拡大し、全国から津島神社への参詣者も増え、商工業も盛んとなり、津島は門前町、商業都市としても発展していくこととなりました。

参拝者の土産としてよく利用されたのが、「あかだ」、「くつわ」です。

「あかだ」は、米粉を湯で練って直径1cmほどの団子状にしたものを油で揚げたお菓子です。由来は諸説あり、仏語で丸薬を意味する「阿伽陀」から来ているという説、赤団子を略したという説、弘法大師が悪疫退散の祈願を込め、米団子の油揚げを参詣者に配ったことに基づき、津島神社の春秋県祭《あがたまつり》の際、供物として備えた県団子《あかだ》にちなむという説などが伝えられています。

感恩報国の碑

「くつわ」は、江戸時代に創作され、米の粉に砂糖を混ぜて馬のクツワのように成型したものを油で揚げたものです。両製品とも素朴な味わいですが、とても歯ごたえがあるのが特徴です。

現在も津島神社東門の門前には「あかだ」、「くつわ」を販売する店が軒を連ねています。

津島神社の南門を出ると、菅原社があります。いわゆる天神さんです。

その境内に、「三つ石」があります。自然巨石が並んで鎮座していることから、古代祭祀における祭場ではないかとも考えられています。

河戸石と呼ばれる石で、国府宮、屯倉社《とんそうしゃ》（いずれも稲沢市）、姥ヶ森古墳、そしてこの「三つ石」というように、三宅川、天王川流域に巨石群が点在します。おそらく古墳の痕跡ではないかと考えられています。

南の大鳥居をくぐると、「感恩報国」の碑があります。かつて津島神社周辺の海部郡・中島郡から多数輩出したアメリカ移民が故郷に錦を飾るべく多額の寄付をし、その時建てられたのがこの南の大鳥居です。その功績を記したのがこの「感恩報国」の碑です。裏にはカリフォルニア農業の発展に大きく貢献し、「アスパラガス王」の異名をとった堀田鎌《ほったかま》次郎《じろう》などアメリカにおいて活躍し寄附した方々の名前が刻み込まれています。

堀田家住宅

堀田家住宅

鳥居の前の通りを東に向かうと、堀田家住宅があります。この堀田理右衛門《りえもん》家も、もともとは津島神社の神官・番頭大夫《ばんとうたゆう》家の流れをくむ家であり、初代・之理は福島正則に仕えていました。之理は正則が安芸（広島県）への領知替えとなった際に帰郷し津島の祢宜町《ねぎまち》に戻りました。江戸中期以降、酒造業、金融業や新田経営に従事し、尾張藩にも多額の献

明治 30 年頃の天王川大池（北から撮影）津島市立図書館提供

金をつとめた家柄でもあります。

正徳年間（1711～16）前後に建てられたとされる尾張地方の町家建築の典型的な建物は、修理・増築が繰り返され、1973年（昭和48）、県道拡幅工事のため方位を45度北向きに変え約60m西の現在の場所（南門前町）に移されました。

うだつの上がった主屋、居室部の西に位置する座敷部の内装は数寄屋風の意匠を取り入れた空間となっています。書院の間には竹の框《かまち》や円窓がみられ、煎茶文化の影響がうかがえます。西北隅の茶室は、六代・知之《ともゆき》と交流のあった茶匠・久田宗参の設計と伝えられています。1978年（昭和53）に国の重要文化財に指定されています。堀田家住宅は土・日曜日、祝日の午前10時から午後3時まで開館しており、平日でも3日前までに5名以上での予約があれば見学することができます（大人300円／小・中学生100円）。詳細は、津島市教育委員会社会教育課までお問い合わせください。

尾張津島天王祭

堀田家住宅を左手にみながらさらに東へ進むと、南側に天王川公園がみえてきます。春には桜、5月のゴールデンウイークには藤まつり、夏には尾張津島天王祭と四季折々

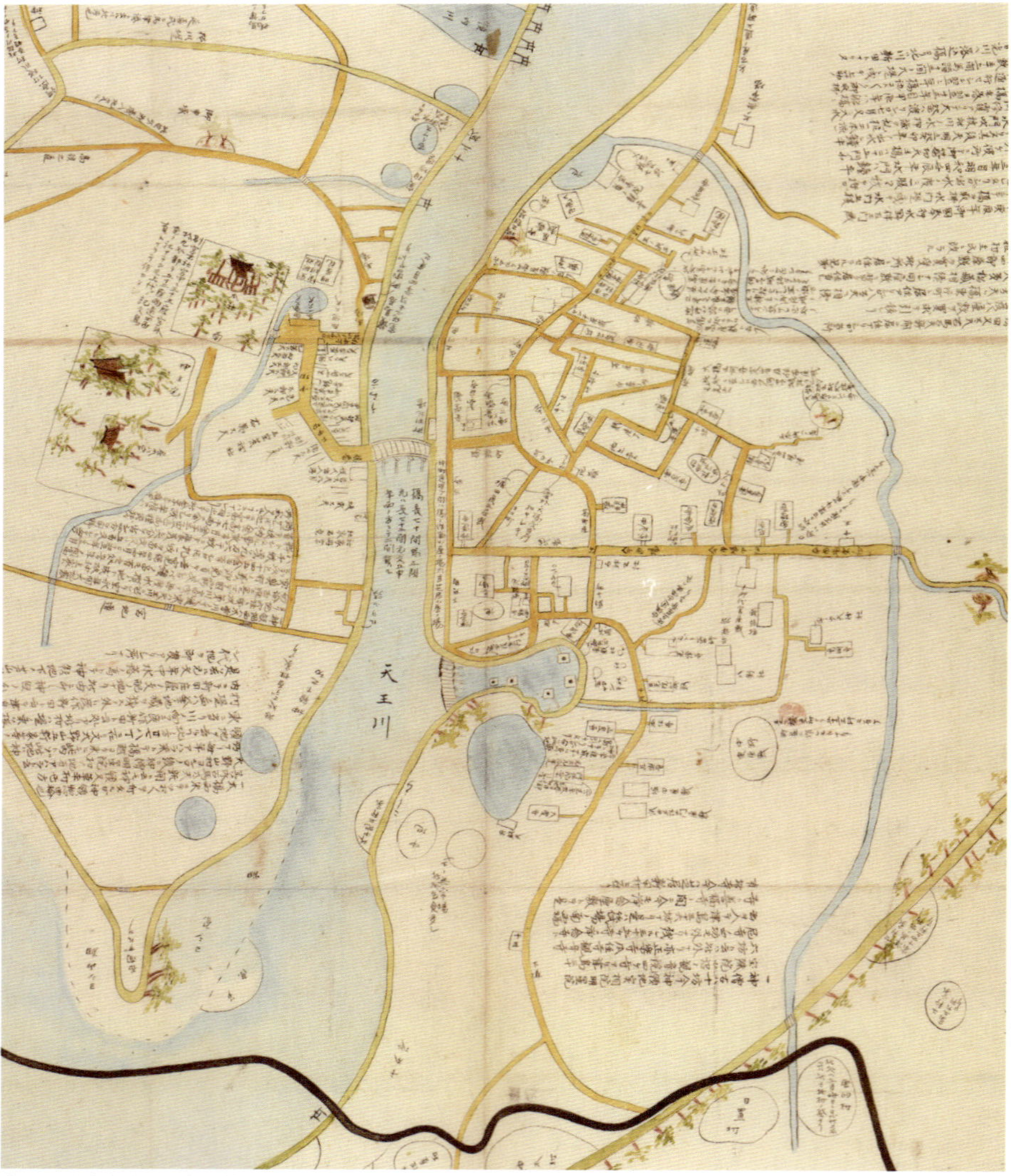

海西郡津島村絵図（延享）津島市善福寺所蔵　津島市立図書館提供
延享５年（1748）３月に制作された図。延享４年に津島の町を襲った大火は大きな被害をもたらした。本図は、大火前の様子を描いた図として貴重な資料である。天明の河川改修以前の天王川の流路、橋、当時の町の様子を詳細に記している。市指定文化財。

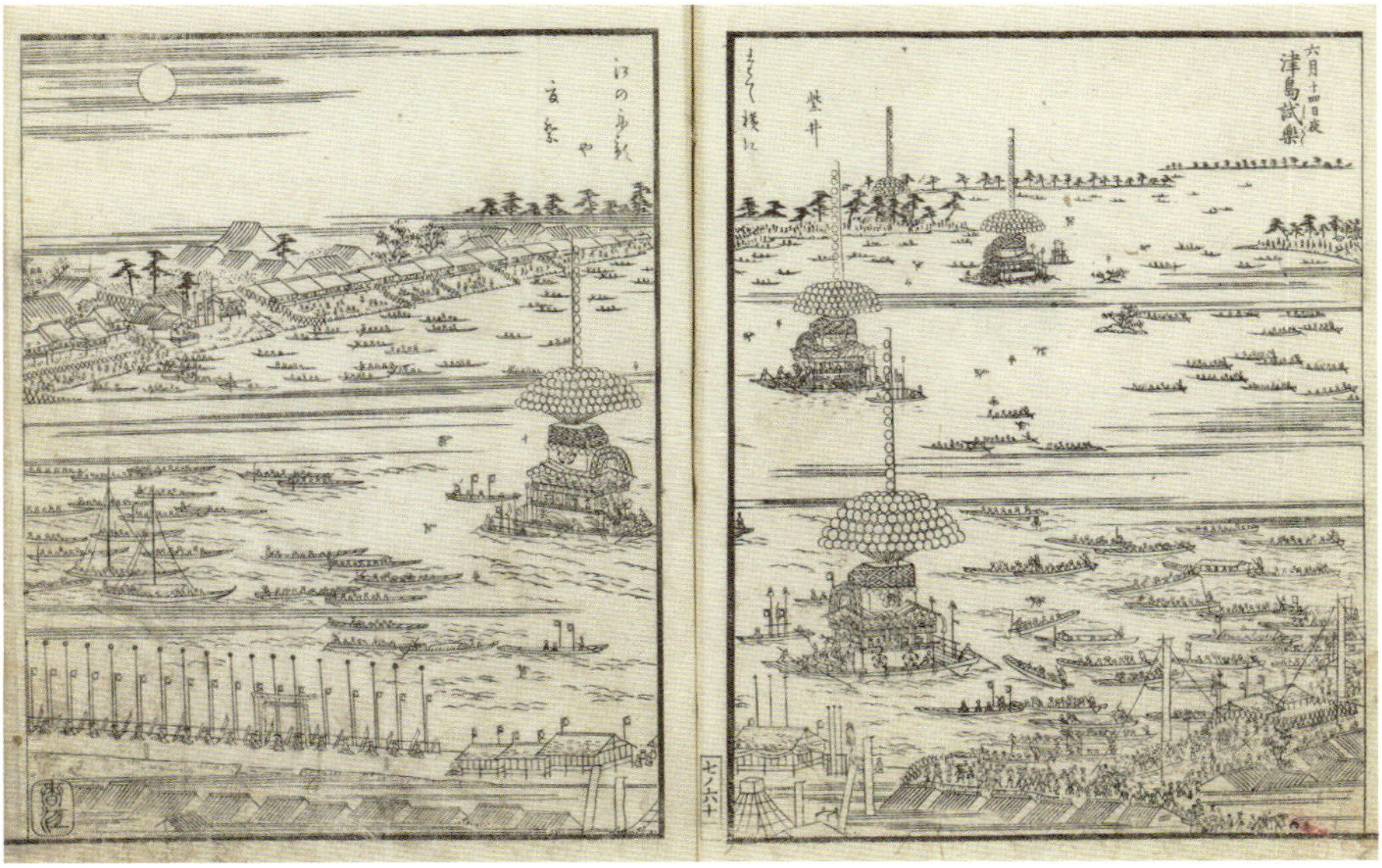

津島試楽（『尾張名所図会』前編第７巻）愛知県図書館所蔵

の風景が楽しめ、市民の憩いの場となっています。

藤棚は長さ２７５ｍ、面積約５０３４㎡あり、九尺藤や紫加比丹藤など12種類１１４本の多種多様な藤をみることができます。

２００７年（平成19）、天王川公園は「日本の歴史公園一〇〇選」に選ばれました。公園内の大きな池は、江戸時代に河川改修によって天王川が堰き止められた名残です。ここは、現在も尾張津島天王祭の舞台となっている場所で、天王川が流れていた頃は、上流は萩原川（現日光川）、下流は現在の津島高等学校辺りで佐屋川と合流し、さらに佐屋川は木曽川へと注いでいました。

かつての天王川には天王橋が架かっていました。１５２６年（大永６）に書かれた『宗長手記』には長さが三町（約３２７ｍ）あったとされ、とても長い橋であったことがわかります。

橋詰という地名はかつて天王橋があったことを物語っています。江戸期にはここに多くの旅館が集まり、津島神社への参詣客を泊めていたといいます。

『大祭筏場車記録《たいさいいかだばきろく》』の１５５８年（永禄元）の記述によれば、この天王橋の上から、織田信長は尾張津島天王祭を眺めたとの記述があります。

尾張津島天王祭といえば、２０１５年（平成27）12月、全国三十三の「山・鉾・屋台行事」の一つとして、「尾張津島天王祭の車楽舟行事《だんじりふね》」がユネスコ無形文化遺産に登録され話題となりました。

天王祭は毎年7月の第4土曜日の宵祭とその翌日の朝祭が有名ですが、実はその前後にたくさんの行事がおこなわれています。ここでは天王祭の主だった見どころを紹介しましょう。

宵祭には筏場車・下構車・堤下車・米車・今車の津島五車が登場します。「車」と称していますが実際は舟で、四百を超える提灯を設えた「まきわら舟」と呼ばれます。月光の下、提灯を設えたまきわら舟が川面に浮かぶ風景は幻想的です。

朝祭には、愛西市から弥富市にかけてのかつて市江《いちえ》と呼ばれた地域から市江車が登場し、夜通しで装いが改められた津島五車とともに天王川を漕ぎ渡っていきます。絢爛豪華な小袖幕で飾り付けられ、船の上には置物と呼ばれる能人形が据えられています。天王川北側の御旅所へと漕ぎ進む途中、市江車からは10人の鉾持が一人ずつ水中へ飛び込みます。御旅所に到着すると、鉾持たちは津島神社へと走っていき、布鉾を奉納します。

その後、到着した舟から児が足を地面につけないよう肩車をされて上陸し、御旅所の神輿とともに還御の行列をなして津島神社へと向かいます。拝殿にて楽を奏で（神前奏楽）、児盃をいただき再度行列をなして舟に戻り、一連の行事が終了します。

朝祭の終わった日の深夜、神葭放流神事がおこなわれます。人々の災厄を葭に託して川に流し、一年のけがれを祓います。

かつて、流された神葭は佐屋川から伊勢湾を経由し、知多半島などにも流れ着き、そこで祀られることで分霊社も増えていったといわれています。

疫病などの災いを祓い流し、祀り上げて慰撫することで、自分たちの災厄を免れようとする観念は、牛頭天王信仰の根源的な考え方でしょう。天王信仰祭礼行事も全国各地にさまざまな形態で受け継がれています。

【コラム】

子どもザイレン

7月から8月にかけて、尾張地方の中でも西部の木曽川下流域では、子どもを中心とした民俗行事があります。水難除けや災厄除けを祈願し、祠を祀る、提灯を飾る、花火等がおこなわれます。これらの行事は現在、津島市、愛西市、稲沢市などでみられ、地域によって「オミヨシサン」や「オミコシサン」「サイレイ」「コドモザイレン」などさまざまな名称で呼ばれています。

子供ザイレンの起源は明らかではありませんが、川沿いに多く存在するのは、天王信仰との関係も指摘されています。天王祭において祭りが終わった後、神葭を流すことと、子どもたちが手作りした祠を流すことは類似しています。また、津島神社の御札を祠内に納める地区もあります。

2017年（平成29）3月、「尾張西部の子供ザイレン」として「国の記録作成等の措置を講ずべき無形の民俗文化財」に選択されました。かつて子どもだけでおこなわれていたこれらの行事も、少子化により、現在では大人がほとんどを担うかたちに変化、または行事自体がなくなってしまったところもあります。

また、環境の変化も影響しているようです。例えば、ヨシやマコモなどの植物を採集し、祠を作成します。できあがった祠は祭りのあと、川（用水路）に流します。近年では、まず材料となる植物の確保が難しくなったり、自然環境への配慮から川に流すことができなくなったりして、各地で苦慮しながら祭礼を継続しておられます。祖先から受け継いだ貴重な伝統行事を後世につなげる「子どもザイレン」。ぜひ一度ご覧ください。（羽柴亜弥）

子どもザイレン

瑞泉寺

津島高等学校

瑞泉寺

天王川の左岸堤防道路をさらに進むと、車河戸に出ます。この道路に平行に通る道路が片町筋で、この片町筋に先述した氷室家住宅があります。車河戸は尾張津島天王祭の津島五車の舟が置かれ、祭礼の準備等を実施する場です。

車河戸の舟置き場あたりから東へ入ると良王伝説の地の一つ瑞泉寺《ずいせんじ》があります。瑞泉寺は、良王君の菩提寺といわれています。もとは真言宗の瑠璃光寺《るりこうじ》という寺院で、天王川西岸の天王島にあったといわれています。良王君逝去の際に菩提寺となったことから１５１７年（永正14）に現在の地に移り、浄土宗に改宗しています。

本尊は阿弥陀如来像。江戸後期の津島神社神主・氷室長翁のつくった茶席・椿園《ちんえん》や、かつて天王祭で船に乗るために出発する際、児がくぐって使用していた稚児門もあります。

津島高等学校　津島市立図書館

瑞泉寺を出て再び天王川の左岸道路に出ます。道路沿いには松並木があり、昔ながらの姿をとどめています。この道を南下すると、眼下に藤棚をみながら、信号に出ましょう。そして信号をさらに南下すると、右側に津島高等学校がみえてきます。

津島高等学校は、県下における第三番目の旧制中学校として建てられたことから、現在も「三中」という名で呼ばれます。パリで活躍した画家荻須高徳や、作家稲葉真弓もこの学校の卒業生。２０１７年（平成29）3月、津島高等学校の正門門柱が登録有形文化財となりました。１９２３年（大正12）頃建築の鉄筋コンクリート造ですが、今も現役です。

高校の北西には津島市立図書館があります。県下の図書館の中では最も歴史が古く、１８９７年（明治30）、日清戦争の勝利を記念して設置された「海東海西郡教育会付属凱旋

津島市立図書館

記念書籍館」にその歴史を遡ることができます。郷土資料の収集に力を注ぎ、とくに近代の地域資料はかなり充実、ビジュアルデータには特筆すべき資料も少なくありません。地域の歴史をさらに研究したい方にとってここは資料の宝庫といえるでしょう。

津島高等学校をさらに南下すると、自動車学校があり、さらに先へ進むと左側に小丘のある小さな公園があります。幕末期に作成された「佐屋宿絵図」をみると「山田真龍軒終焉の地」とあります。何でも山田真龍軒《やまだしんりゅうけん》とあの荒木又右衛門《あらきまたえもん》が佐屋の地で決闘がおこなわれたようで、その真龍軒を葬った場所と絵図は伝えています。事実かどうかは詳らかではありませんが、こうした伝承も街道歩きの楽しみの一つでしょう。

さらに先へ進めば佐屋宿へ到着です。

西音寺
東海大橋
三輪氏萃魂碑
給父の道標
江西
県道 128 号線
八開総合福祉
センター
名鉄尾西線
日光川
国道155号線
白山神社
定納公民館
領内川
一心寺
木曽川
愛西市
佐織庁舎
姥ヶ森社
唯称寺
（十二城址碑）
名鉄津島線
海部幹線水路
御旅所跡
大イチョウ
津島神社

海津明誠高等学校
海津市歴史民俗資料館
長良川

さらに足をのばして

高須街道　御旅所跡大イチョウ　十二城　姥が森　馬津湊　松川　早尾城　早尾口　赤目横井家
一心寺　赤目の水屋群　播隆講　定納元服・オビシャ　神野金之助　給父の道標　西音寺
横井也有　秋江渡　東海大橋　三輪市太郎碑　高須　海津市歴史民俗資料館
道の駅「立田ふれあいの里」　蓮見の会　立田赤蓮　船頭平閘門　治水神社　千本松原　輪中の郷

佐屋路、津島街道を通る佐屋廻りもいよいよ大詰め。でも折角の機会だから、もう少し足をのばして、いろいろ見てみませんか。オススメのスポットをいくつか紹介しましょう。

高須の町並み

高須街道

高須街道は、尾張藩の支藩である高須と藩都名古屋を結ぶ街道です。勝幡村絵図などをみると、津島街道を高須街道と記していることから勝幡あたりまでは津島街道と高須街道は同じルートをたどったと思われます。『佐織町史通史編』によれば、愛西市諏訪町あたりから分岐するルートを採用しています。愛西市佐織庁舎裏あたりで津島街道から分岐し、町方町、草平《くさひら》町、西川端町の領内川右岸を西に進み、二子町に入ります。現在の鷹場川の北側の道を通り佐屋川堤防へ出て、定納《じょうの》・秋江《あきえ》の渡しを経て、美濃国に入り、高須《たかす》へ至るルートです。

津島と高須は、例えば津島の大橋氏がかつて高須城主をつとめたり、高須藩主が津島へ

高須街道

度々立ち寄ったりしました。昔から関わりが深く、こちらを結ぶルートも非常に重要な意味をもっていたと思われます。

ここでは、津島を拠点として高須へ向かう道筋を辿ってみたいと思います。

御旅所跡大イチョウ

津島神社にお参りをした後、楼門をくぐり、境内の外に出ると、津島土産あかだ・くつわを売る店が軒を並べています。その間を通り進んでいくと、小山のようになっているところに、大きなイチョウの木があります。ここは、天王川の西側の堤防で、かつて御旅所《おたびしょ》があった場所です。御旅所跡にある木であるため、昔から御神木として大切にされてきたそうです。

御旅所跡大イチョウ　津島市広報課提供

その大イチョウの木を過ぎると、天王川が流れていた場所に入っていきます。天王川は、旧三宅川と旧日光川が合流し、津島の真ん中を流れ、佐屋川につながっていました。イチョウの木から、天王通一の交差点を眺めると、緩やかに下っているのがわかるでしょう。雄大な天王川の流れを想像することができます。御旅所跡の小山の向こう側を、すぐ左に曲がる道があります。ここを曲がります。途中、上新田の方へ進む道もありますが、ショートカットをされる方はそちらへお進みください。歴史探訪を楽しまれる方は、そのまま天王川の右岸堤を上流に向かって進んでいきましょう。

十二城

姥が森

十二城

しばらく進んでいくと、愛西市町方町に入っていきます。愛西市の町方町・草平町・大野山町・西川端町・鷹場町は、かつてすべての地名に「新田」とついていました。このあたりは江戸時代に開発された場所で、津島五ヶ所新田と呼ばれていました。もともと、津島と関わりの強い地域なのです。

愛西市町方町は津島市の方にせり出した形になっています。そのせり出した地域は十二城という地名です。このあたりで、旧三宅川と旧日光川が合流し、その下流が天王川となっています。江戸時代の津島社の神官真野時綱《まのときつな》は、この場所を板垣冠者兼信《いたがきかじゃかねのぶ》の居館と推定しています。板垣冠者兼信とは、『吾妻鏡《あがつまかがみ》』の１１８８年（文治4）2月2日条にて、「尾張国津島社板垣冠者」と出てくる、津島社に非常に関わりの深い人物です。鎌倉時代にこの地域を治めていた地頭であったようです。この人物については詳細不明で、武田信玄の家老板垣氏、または板垣退助の先祖かと諸説あります。現在、愛西市町方町の唯称寺《ゆいしょうじ》の入り口に「十二城址」の石碑が建ち、かつてあった十二城の場所を示してくれています。

姥が森

唯称寺前の道を西に進み、国道１５５号線を横断した先にあるのが、姥ヶ森《うばがもり》社です。牛頭天王（素佐之男命）が、最初にこの地の来臨し、そこにいた老婆が神託をうけ、蘇民将来社をたてたという由緒があります。蘇民将来の姥の居住地であったともいわれています。蘇民将来は、『備後国風土記《びんごのくにふどき》』の説話に出てきます。旅の途中で宿に困っていた牛頭天王（素佐之男命）を助け、その見返りに無病息災・子孫繁栄を約束されました。「蘇民将来之子孫也」と書かれた御札を門に掲げ、茅の輪を腰につけておくと、蘇民将来の子孫である

茅の輪くぐり

とみなされ、無病息災でいられるそうです。現在、津島神社では1月4日から7日に、和魂社の祭りがおこなわれ「茅の輪くぐり」が開催されています。この和魂社は、古くは蘇民社とよばれ、姥ヶ森社を遷宮し、津島神社の摂社となった社です。現在姥ヶ森でも1月4日に祭礼が執りおこなわれ、茅の輪くぐりがおこなわれています。津島神社の蘇民将来信仰・茅の輪くぐりの発祥の地は、姥ヶ森社なのです。

馬津湊　松川

姥が森社を出発し、国道155号線町方新田の交差点を左に折れ、町方新田西の交差点も直進すると、右側に入っていく少し細い道が二本あります。一本目は通り過ぎて、二本目を曲がりましょう。

小道を進んでいくと、「松川」という地名の地域にたどり着きます。松川は、佐屋川の東側堤防付近に広がる集落です。先ほど上新田でショートカットを選択した方はここで再び合流します。

この松川、実は古代東海道の馬津駅の場所に比定されています。馬津駅は、10世紀の『延喜式』にて尾張にあった三つの駅（「馬津」、「新溝」、「両村」）の一つとして出てきます。尾張の最西の駅で、木曽川の東側すぐにあると推定されています。

佐屋川の東側の堤上にあること、「(ウ) マツ」と「マツカワ」と音が似ていること、すぐ隣に「東馬」「西馬」という地名があることなどから、馬津駅の有力候補地となっています。

すぐ近くに姥が森もあり、まったくの空想とも思えません。歩きながら、古代の雰囲気を感じてみませんか。

左上が松川の集落（『張州雑誌』巻76）名古屋市蓬左文庫所蔵

早尾城　早尾口

松川の地域の西側は、雄大な佐屋川が流れていました。この佐屋川を渡ると、愛西市早尾《はやお》町に入っていきます。この付近には佐屋川を渡るため、早尾の渡しと呼ばれる、渡船場がありました。交通の要所として、たびたび歴史の舞台に登場します。

早尾には、早尾東城と早尾西城という二つの城がありました。東城は、津島の豪族大橋源三右衛門《げんざえもん》の築城です。1524年（大永4）勝幡城主織田信定と、津島衆が戦った際、津島衆が城へ逃げ込みましたが敗れ、和睦が成立したそうです。本能寺の変後、織田信雄の家臣橋本大膳が城主となりますが、橋本が矢合《やわせ》城（稲沢市）へ移ったため廃城となったといわれています。

また、その地理的利点を活かし、織田信長は、長島一向一揆との戦いの際、自陣の拠点に早尾口を選びました。1574年（天正2）、一・二回目の長島攻撃の失敗を踏まえ、信長は三度目の攻撃をしかけました。その際、市江口（東筋）、早尾口（中筋）、香取口（西筋）の三方向からの総攻撃作戦を実行しました。早尾口は信長自身が総大将となり、多くの舟を用意して、次々と輪中を進撃。古木江城を取り囲んで落城させ、三回目の一向一揆

早尾渡（『名区小景』）

早尾東城跡

攻めによって、信長は長島一向一揆を押さえ込むことに成功しました。

1582年（天正10）6月28日、信長亡き後の進退を決める清須会議後、秀吉は津島を通って早尾に着き、そこから長浜城（滋賀県）へ帰っています。また、1592年（天正20）には、津島の代官を務めていた徳永《とくなが》寿昌より、早尾村の船頭に対し、給与に関する書状が出されています。これらのことから、津島と各地を結ぶ場所として、重要な場所だったことがわかります。

早尾周辺を歩きながら、今はなき大河佐屋川を頭の中で復原していただき、織田・豊臣の時代に思いを馳せてみてはいかがでしょうか。

赤目横井家　一心寺

旧佐屋川の右岸堤を北上すると、愛西市赤目《あかめ》町にたどり着きます。この周辺の江戸時代の村名を確認すると、古《こ》赤目村・元《もと》赤目村・赤目村と三カ所も「赤目」という地名がみえます。なぜこのようになったのでしょうか。これには現在赤目町にある、赤目城の移転が大きく関係しています。

赤目城は、赤目横井家が代々城主をつとめていました。赤目横井家は、鎌倉幕府執権北条氏を祖とするといわれる名家です。1493年（明応2）の秋、赤目島に移住し、海東郡・海西郡を領有、横井と姓を改め、赤目横井家が始まりました。三代時延は織田信長の家臣となり、長島一向一揆で手柄をたてました。四代時泰は、織田信長・豊臣秀吉・徳川家康に仕え信用を得て、尾張藩の重臣となり、以後代々藩の要職をつとめました。

赤目島はその後の川の流路変化により、二つに分断され、赤目村と元赤目村に分かれました。1774年（安永3）、横井家により城館のある落伏村の改名の申請が尾張藩に認められ、落伏村が正式に赤目村と改名されると、従来の赤目村は、新たな赤目村と区別す

一心寺

水屋

るため、古赤目村と改称されたそうです。城の移転と、有力者の意向によって、地名が変化したというおもしろいエピソードです。

ここまで来たので、赤目町にある横井家の菩提寺、曹洞宗国音山一心寺にぜひお立ち寄りください。墓所には代々赤目横井家の墓があり、墓所の入り口の門は、赤目城から移設されたものとの伝承があります。また、本堂前には多くの種類の蓮が育てられており、知る人ぞ知る名所となっています。

赤目の水屋群

赤目横井家のお膝下、赤目町には、高い石垣の建物があちこちにみられます。大きな丸い石を上手に組み合わせて、私たちの背よりはるかに高い石垣がつくられています。これは、「水屋」と呼ばれる、この地域特有の建物です。海抜ゼロメートル地帯であるこの地域は、度々洪水に悩まされてきました。洪水の際の避難場所となるのが水屋です。

水屋の中には、避難生活を送るために必要なものが用意されており、炊事場やトイレが完備されている所もあり、非常時には水屋でだけで十分生活できるようになっています。通常時は使用できないであろう高さのところに、出入口が備わっている水屋もあります。ここは、洪水時舟をつけて、出入した場所といいます。多くの水屋には、上げ舟とよばれる非常用の舟が備わっていました。

近年は、堤防や排水機の整備により、洪水がおきることも少なくなっています。水屋は、かつての水との戦いの歴史を伝えているとともに、平和に慣れてしまった私たちに災害に備えるという心を思い出させてくれる景観です。

播隆講

上げ舟（『八開村史　民俗編』）

六字名号の軸

愛西市一帯は真宗大谷派の寺が多く存在しています。そんな中、赤目町には浄土宗の檀那が集住しており、一風変わった講が伝わっています。その名も「播隆講《ばんりゅうこう》」。播隆とは、1819年（文政2）に北アルプスの鎗ヶ岳を登頂し、鎗ヶ岳開山として有名な遊行念仏聖です。なぜ、赤目町で播隆講をおこなっているのか、詳細は不明ですが、播隆が書いたとされる「南無阿弥陀仏」の六字名号を講員で廻しておこなっているそうです。一説には、播隆が家を訪ねて来た時、念仏講を続けることを約束し、六字名号軸を書いてもらって以来、毎月続いているそうです。なぜ、播隆とこの地域の関係は何なのか、非常に気になるところです。

定納元服・オビシャ

だいぶ脇道にそれてしまいましたが、赤目の水屋《みずや》群から再度佐屋川に戻ってみましょう。もしお急ぎでなければ、さらに東へ進み、佐屋川左岸堤へ出られるのをおすすめします。何しろ佐屋川廃川以前の景観を味わうことができるからです。佐屋川左岸堤に出たら、北上します。やがて左手に見えてくるのが定納《じょうの》公民館です。さらに歩を進めると、白山神社があります。

毎年2月11日に近い日曜日にはこの白山神社境内で、「定納元服・オビシャ」が実施されます。その年元服を迎える若者が高さ5mの櫓の上にのぼり、奉納された餅や菓子を撒くという行事です。この日から元服を迎えた若者は大人入りするという儀式で、愛西市の文化財に指定されています。

白山神社をさらに北上すると、路傍に小さな道標があります。

道標

オビシャ　大餅撒きの様子

東　名古屋道　二子村
西　すぐ　京　高須　高田　今尾
南　天王道　安政三年辰正月
北　　起　竹花道

この道標を左へ入ると渡し場があったようです。現在は当然渡しがありませんのでもう少し北上して左折します。旧佐屋川を横切り、田園風景を楽しみながら八開《はちかい》総合福祉センターを目指して歩を進めてみましょう。

神野金之助

八開総合福祉センターのすぐ西に鬱蒼とした叢が見えます。ここが豊橋にある神野《じんの》新田の開発者であり、名古屋電気鉄道会社の社長などをつとめ、中部経済界の発展に偉大なる足跡をのこした神野金之助《かみのきんのすけ》の旧宅です。

神野金之助は、１８４９年（嘉永2）に海西郡江西村（愛西市）に生まれ、23歳のときに兄の養子先である富田家の紅葉屋経営を手伝うことになりました。名古屋に本拠地を移した後は、輸入業・金融業・土地経営など幅広く事業を拡大していきました。１８９３年（明治26）に、神野新田開発に乗り出し、巨額の費用を投じて、１８９６年（明治29）これを完成させました。

地元の発展にも貢献しました。名古屋に引っ越す際、金之助は江西の敷地内にお堂を建てました。通称「江西の公会堂」で、村の集会所として使用されました。先ほど見たお屋敷がその公会堂です。

残念ながら私有地なので中に立ち入ることはできません。悪しからず。

神野金之助

給父の道標

給父の道標

小道を直進し、少し広い道路に出たら左折しましょう。先ほど遠くに見えた江西の交差点を直進し、木曽川の堤の際まで行きます。愛西市江西町と給父《きゅうぶ》町との境の三叉路に道標がたっています。

左　京　高須　今尾道
右　名古屋　津島道
願主　つしま　加治屋要吉
慶応四辰年三月　世話人　山口伊三郎

左に曲がると、高須の先に京都まで案内がなされています。人々が高須街道を通って目指す先がわかります。名古屋と高須を結ぶ高須街道ですが、京都を目指す人も通っていたということになります。江戸時代から変わらず、行き交う人々の案内をしている道標です。

西音寺　横井也有

給父の道標を北上し、交差点を左折すると、木曽川の堤防にでます。このあたりからの眺めはオススメです。冬の晴れた日には、伊吹山《いぶきやま》はもちろんのこと、御嶽山《おんたけさん》、恵那山《えなさん》などを眺望することができます。一旦道なりに進むと、東海大橋の下をくぐります。すると福祉施設が右手にみえます。その北側に小さなお寺があるのが目に入ります。

正面から入ると赤い門が印象的な西音寺《さいおんじ》。西音寺は赤目横井家の分家の一つ、藤ヶ瀬《ふじかせ》横井家の菩提寺です。1561年（永禄4）、藤ヶ瀬横井家初代の横井時朝《ときとも》が創建したとい

東海大橋

西音寺

われています。江戸時代の武士で、俳人として有名な横井也有《やゆう》はこの家の出です。1702年（元禄15）、尾張藩の役人横井時衡《ときひら》の長男として生まれた也有は、26歳で家督を継ぎ、藩の要職を歴任しました。しかし、53歳で病を理由に隠居し、以後は悠々自適な生活を過ごし、とくに俳文を嗜み、「鶉衣《うずらごろも》」など多くの著作をのこしたことで知られています。1783年（天明3）82歳で没した也有はこの西音寺に眠っています。

横井也有　名古屋市博物館所蔵

秋江渡　東海大橋　三輪市太郎碑

西音寺を出て再び木曽川堤防にでて、東海大橋へ向かいましょう。東海大橋の東詰め北側に大きな碑が建っています。「三輪氏萃魂碑《すいこんひ》」と刻まれたこの碑は、ご当地給父（愛西市）出身の政治家、三輪市太郎《みわいちたろう》の旧宅の跡地に建立されたものです。三輪市太郎は、1867年（慶応3）酒造業を営んでいた家に生まれました。濃尾大地震後土木業に携わり、地域の復興につとめ、その後政治家を志すに至りました。1912年（明治45）、衆議院議員に当選後、長年にわたり衆議院議員として国政の発展に力を注ぐ一方で、永和駅の開設、日光川改修、道路の敷設など地域の発展のためにも尽力しました。この碑の大きさが彼の人望を表しているかのようです。

かつて、この碑の北あたりに渡船場がありました。秋江の渡しです。この渡船の舟・船頭は、対岸の美濃国の秋江にあったことから、秋江の渡しと呼ばれていました。この秋江の渡しで木曽川を渡るといよいよ美濃国に入ります。

現在、かつて秋江の渡しのあった場所には東海大橋が架けられています。1966年

秋江渡（『名区小景』）

三輪氏萃魂碑

（昭和41）に着工し、1969年（昭和44）に開通式がおこなわれました。当初は有料でしたが、1987年（昭和62）無料化されました。

高須　海津市歴史民俗資料館

東海大橋を渡るといよいよ美濃の地に入ります。そこから4㎞ほど西へ進むと、高須の街へ出ます。かつて尾張藩の支藩高須藩の藩庁が置かれていた街です。

高須藩は、尾張徳川家の分家であるとともに、尾張藩主に嗣子が絶えた際に相続人を出すという重要な役割を担っており、第8・14・15代尾張藩主は高須藩から出ています。幕末には、慶勝《よしかつ》、茂徳《もちなが》、容保《かたもり》、定敬《さだあき》といういわゆる高須四兄弟を輩出しました。

彼らの居城高須城は、大江川のほとり、海津明誠高等学校付近にありました。その南西に城跡公園があり、かつてこの周辺が城下町であったことを示しています。

高須藩の菩提寺行基寺は西方に連なる養老山地の山の中腹に佇んでいます。

行基寺は、744年（天平16）行基による創建と伝わっています。初代高須藩主・松平義行が松平家の菩提寺に定めるとともに、再興しました。行基寺へ訪れたら、ぜひ本堂や回廊式庭園や書院を見学したいものです。とくに書院からの眺めはすばらしいです。濃尾平野を一望できます。月見や紅葉のシーズンは格別です。

高須の街のはずれ、ゼロメートル地帯の田が広がる中に、石垣の上に建つ城館を思わせる建物があります。これが、現代版高須城ともいうべき海津市歴史民俗資料館です。

木曽三川の治水の歴史や輪中地域の生活文化をテーマとした展示はわかりやすく、ぜひ訪れたいところです。中でも三階は能舞台と五十畳の大広間、格式の高い格天井を備えた御書院之間など、高須城表御殿が復元され、豪奢な世界を垣間見ることができます。この館で見逃してならないのが館の外に復元された「堀田《ほりた》」でしょう。低地で水が浸かりやす

海津市歴史民俗資料館

高須城址

い田の一部を堀上げ、高く積み上げた部分で農作物を生産する一方、堀禿《ほりつぶれ》は遊水池として機能したという輪中地域特有の土地利用方法であり、土地改良事業の推進や排水機の設置などにより、この地域から姿を消していった輪中地域特有の景観です。それを現在唯一観ることができる施設といえましょう。

以上高須への道程を紹介してきました。

せっかくですから、もう一つオススメのコースを紹介しましょう。

それは、佐屋宿から南下して、佐屋駅から西へ向かい国指定文化財船頭平閘門《せんどうひらこうもん》や治水神社や千本松原等を楽しむ、名づけて「治水の足跡を辿る」コース。さっそく出かけてみましょう。

道の駅「立田ふれあいの里」　蓮見の会　立田赤蓮

国道155号線の佐屋南の交差点を西側に進んでいくと、左手に立田の道の駅があります。「立田ふれあいの里」という名称で、地元で採れた新鮮な野菜、愛西市の名産であるレンコンを使用した商品を販売しています。道の駅として、休憩・お土産販売のみならず、愛西市観光協会も隣接しており、愛西市の情報発信の場にもなっています。

愛西市はレンコン・蓮の花で有名です。道の駅の隣には「森川花はす田」があり、7月第2日曜日には、『蓮見の会』が催されます。そこからさらに3kmほど北にいくと「赤蓮保存田」があります。ここでは、32種類の蓮が植えられています。立田赤蓮《たつたあかはす》という種類は愛西市の天然記念物に指定されています。この立田赤蓮は、愛西市戸倉《とくら》町にある陽南寺の住職平野龍天《りゅうてん》が、19世紀前半に漢方薬の一種として栽培し始めたのが発祥といわれています。これをきっかけに、旧八開村・愛西市は蓮の栽培が盛んになったといわれています。

この道の駅の東鵜戸川を挟んだ対岸に社叢が見えます。立田輪中の総宮と呼ばれる富岡

立田赤蓮

道の駅「立田ふれあいの里」

神社で、この神社、長島一向一揆の際に一向宗の門徒に殺害されたという織田信長の弟織田信興（與）が自刃したと言われる古木江城の跡地といわれています。

船頭平閘門

道の駅を出て西進し、立田大橋を渡り、最初の信号を左に折れ、木曽川の堤を南に進んでいくと、船頭平閘門《せんどひらこうもん》があります。かつて、この周辺は川が入り組んで流れており、木曽川と長良川は自由に通行ができました。しかし、洪水が頻発したため、明治に入り、オランダ人技師ヨハニス・デ・レイケが木曽三川分流計画を作成し、十年以上の年月をかけ、木曽・長良・揖斐川が完全に分流されることとなりました。この工事により、洪水の被害は劇的に減少したものの、木曽川・長良川の行き来ができなくなり、河口まで迂回しなければなりませんでした。そこで、分流工事が開始された二年後の１８９４年（明治27）に、木曽川・長良川を繋ぐ水路建設が計画され、１８９９年（明治32）着工、１９０２年（明治35）に完成しました。

当時、長良川と木曽川の水位の高低差が2mほどもあったため、閘門を設置し水位の調節をしなければなりませんでした。その時の閘門一部改修されたものの、今も現役で利用されています。２０００年（平成12）には、国の重要文化財に指定されました。明治改修工事によってつくられた、大切な遺産となっています。近年は、観光船の運行にともない、閘門を実際に通行し、明治改修工事について学ぶことができます。

閘門の周辺は、船頭平河川公園として整備され、ヨハニス・デ・レイケ像や改修工事前の閘門扉の展示があります。木曽川文庫もあり、宝暦治水・明治改修の展示がされ、木曽三川に関わる多くの書籍が閲覧できます。

県道125号線
佐屋駅
道の駅
立田ふれあいの里
名鉄尾西線
東名阪自動車道
関西本線
近鉄名古屋線
東海道
尾張大橋
長島駅
近鉄長島駅
長島城跡

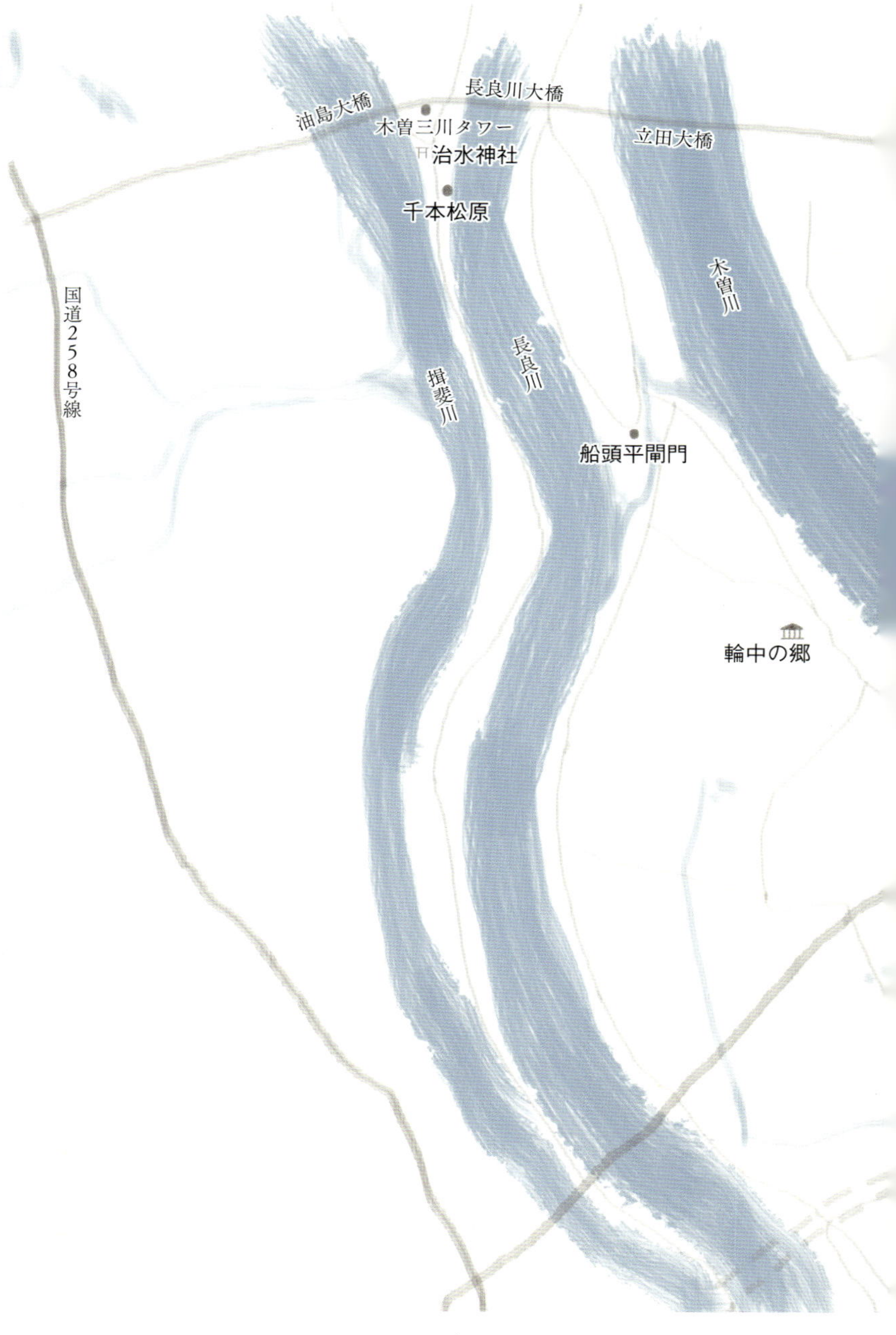

長良川大橋
油島大橋
木曽三川タワー
立田大橋
治水神社
千本松原
木曽川
国道258号線
長良川
揖斐川
船頭平閘門
輪中の郷

【コラム】

立田門徒・五日講

長島一向一揆は、織田信長を苦しめた敵対勢力として有名です。長島一向一揆といえば、長島にあった願証寺を思い浮かべる方が多いのではないでしょうか。

その長島一向一揆を支えた人々の中に、立田門徒と呼ばれる、立田輪中の人々がいたことをご存じでしょうか？立田輪中にあった西勝寺を中心に集まった人々が立田門徒です。強力な力をもっていたようで、この立田門徒に対抗すべく、織田信長は信興に砦として古木江城を築かせたといわれています。しかし結果、第一次長島攻めの際は、逆に立田門徒たちが古木江城を取り囲み、信興を自害させることとなりました。

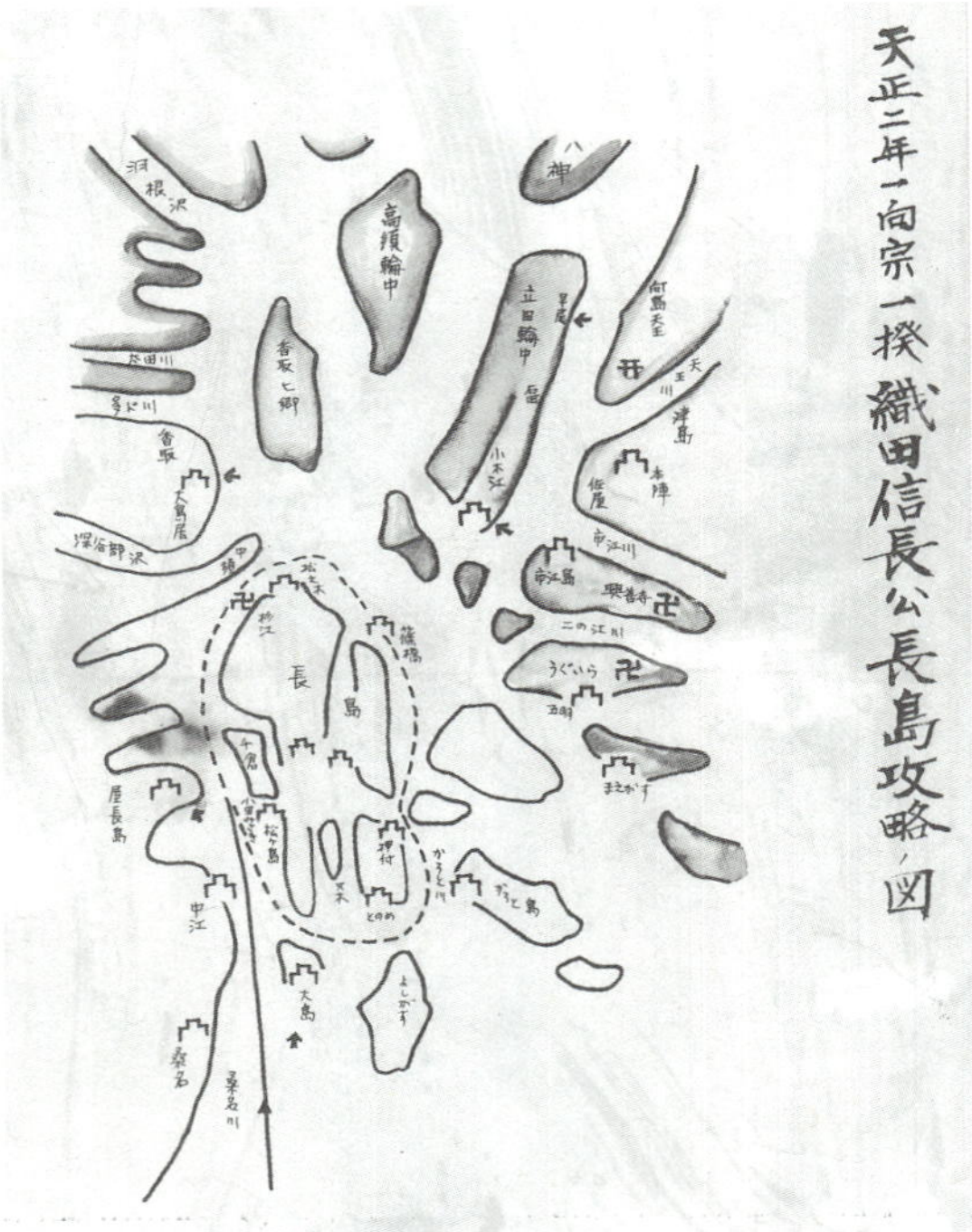

天正二年一向一揆　織田信長公長島攻略図
愛西市教育委員会所蔵

その後、長島一向一揆は信長に制圧されましたが、歩き回られたみなさんなら、もうお気づきでしょう。この地域、ほとんどの寺が浄土真宗です。そして、五日講という講が今でも続いています。この五日講の興味深い所は、その講員が国の枠、自治体の枠を越えて集まっているということです。元々は、美濃国６か寺、尾張国６か寺の計 12 か寺ではじまったようです。（五日講の範囲図）教如の絵像と御書二通を法物として共有しており、それを巡回させているそうです。（羽柴亜弥）

古木江城址

治水神社

船頭平閘門

治水神社　千本松原

　再び立田大橋に戻り、長良川大橋を渡ると、岐阜県に入ります。眼前に大きなタワーが建っています。木曽三川タワーです。この地域はゼロメートル地帯。低地という土地柄もあって、このタワーにのぼると尾張平野を一望できます。伊吹山から遠くは御嶽山、恵那山、名古屋駅前の高層ビル街を望むことができます。春にはチューリップ祭や冬にはイルミネーション等がおこなわれ、毎年大勢の人で賑わいます。

　木曽三川タワーの南に、大きな神社があります。治水神社です。

　木曽・長良・揖斐のいわゆる木曽三川が乱流したこの地域は昔から水害に悩まされてきた地域でした。この地域にあって治水は最大の政治課題で、多くの為政者がこの問題に取り組んできました。

　木曽三川の治水史において、代表的な事業として、宝暦期に実施された薩摩藩による御手伝普請、宝暦治水と呼ばれる事業があげられます。

　多くの犠牲の上に実施されたこの大事業を顕彰すべく建てられたのがこの治水神社でした。治水神社周辺には、多くの松が植えられ、千本松原と呼ばれ周辺地域の人々に親しまれています。

輪中の郷

　船頭平閘門から立田大橋へ戻らずに、そのまま南下すると輪中の郷という施設があります。

　輪中の郷は、三重県桑名市長島町にある施設で、輪中をテーマに、長島地域の歴史、民俗等を紹介しています。単に展示を見学して学習するだけでなく、農作物の収穫体験や海

輪中の郷

千本松原

苔づくり体験など体験して学習することもできます。ぜひお出かけください。
輪中の郷をさらに南下すると東名阪自動車道の長島インターチェンジ付近を通過し、JR長島駅、近鉄長島駅付近へ行くことができます。しかしここまで来たら長島城へも行ってみてはいかがでしょうか。
長島城は、長島一向一揆の本拠となった城で、のち長島藩の本拠となりました。ただ現在、城跡には小学校・中学校が建てられており、当時の面影は碑等で知るのみなのですが。

参考文献

愛西市『八竜遺跡』愛西市、２０１６年

愛西市教育委員会『海部津島のアメリカ移民』愛西市教育委員会、２００５年

愛西市八開郷土資料室『平成の御鍬祭』愛西市教育委員会、２００８年

愛西市八開郷土資料室『天災は忘れたころにやってくる――ゼロメートル地帯の災害史』愛西市教育委員会、２００９年

愛西市八開郷土資料室『黎明期あいさい出身の政治家たち』愛西市教育委員会、２０１０年

愛西市八開郷土資料室『佐屋川』愛西市教育委員会、２０１２年

愛西市八開郷土資料室『横井也有と藤ヶ瀬』愛西市教育委員会、２０１４年

愛知県教育委員会『愛知県歴史の道調査報告書三佐屋街道』愛知県教育委員会、１９９０年

愛知県教育委員会『愛知県の近代化遺産――愛知県近代化遺産（建造物等）総合調査報告書』２００５年

愛知県『愛知県史』愛知県、１９３５〜４０年

愛知県史編さん委員会『愛知県史　別編　文化財Ⅰ　建造物・史跡』愛知県、２００６年

愛知県史編さん委員会『愛知県史資料編16近世2尾西・尾北』愛知県、２００６年

愛知建築士会民家調査特別委員会『愛知の民家』愛知建築士学会、１９８４年

浅井厚視・黒田剛司『尾張津島見聞録――津島はこんなに面白い』津島商工会議所、２００８年

海部歴史研究会『海部津島人名事典』津島ロータリークラブ、２０１０年

海部歴史研究会『海部祭礼芸能辞典』津島ロータリークラブ、２０１２年

海部歴史研究会『天王まつり――尾張津島天王祭・須成祭と全国の天王祭礼行事』津島ロータリークラブ・一般社団法人津島法人会・津島商工会議所、２０１７年

石神教親「『長島一向一揆』再考」『織豊期研究』第16号、２０１４年

石田泰弘「渡米者送出の様相――愛知県海部郡佐織町を事例に」『愛知県史研究』7号、２００３年

石田泰弘監修『ふるさと海部・津島』郷土出版社、２０１２年

伊藤重信『長島町誌　上巻』長島町教育委員会、１９７４年

太田勝也「近世前期における土豪の新田開発と経営」（『徳川林政史研究所研究紀要昭和47年度』徳川林政史研究所、１９７２年

太田勝也「江戸時代中期における土豪の土地経営」（『徳川林政史研究所研究紀要昭和48年度』徳川林政史研究所、１９７３年

大野麻子「木曽川下流域の「川の幸」と食文化」『河川文化』公益財団法人日本河川協会、２０１５年

大治町史編集委員会『大治町史』大治町、１９７９年

小田切春江『名区小景』愛知県郷土資料刊行会、１９７６年

小田切春江『尾張名所図会』愛知県郷土資料刊行会、１９７９年

尾張西部のオコワ祭調査委員会『尾張西部のオコワ祭調査報告書』尾張西部のオコワ祭調査委員会、２０１６年

蟹江町史編さん委員会『蟹江町史』蟹江町、１９７３年

蟹江町教育委員会『須成祭総合調査報告書』蟹江町教育委員会、２００９年

蟹江町歴史民俗資料館「蟹江の郷土食」『蟹江町歴史民俗資料館年報第二十三冊』蟹江町歴史民俗資料館、２００３年

神田千里『一向一揆と石山合戦』吉川弘文館、２００７年

岸野俊彦編『津田正生』名古屋自由学院短大、１９９４年

岸野俊彦編『膝栗毛文芸と尾張藩社会』清文堂出版、１９９９年

金龍静『一向一揆論』吉川弘文館、２００４年

黒田剛司／若山聡『知る。見る。歩く。つしま街道浪漫』津島法人会、２００７年

黒田剛司『これでわかる海部の歴史』津島法人会ほか、２０１１年

高力猿猴庵『張州勝藍開帳集』名古屋市博物館、２０１５年

佐織町史調査編集委員会『佐織町史通史編』佐織町、１９８９年

佐屋町史編集委員会『佐屋町史通史編』佐屋町、1996年
甚目寺町史編纂委員会『甚目寺町史』甚目寺町、1975年
甚目寺町教育委員会『甚目寺飛行場』甚目寺町、1995年
新川町史編さん委員会『新川町史』新川町、2008年
新修名古屋市史編集委員会『新修名古屋市史』第二巻、名古屋市、1998年
武田茂敬『蟹江城合戦物語』日本高速印刷、2008年
立田村史編さん委員会『新修立田村史通史』立田村、1996年
津島市教育委員会『津島の文化財　第1集』津島市教育委員会、1968年
津島市史編さん委員会『津島市史（五）』津島市、1975年
津島町『津島町史』津島町、1938年
津田正生『尾張地名考』海部郡教育会、1916年
飛島村史編さん委員会『飛島村史通史編』飛島村、2000年
内藤東甫『張州雑志』愛知県郷土資料刊行会、1975～76年
中根洋治『愛知の歴史街道』愛知古道研究会、1997年
名古屋市博物館『仁王像修復記念　甚目寺観音展』名古屋市博物館、2011年
名古屋民俗研究会『大治町民俗誌』上・下　大治町、1979年
八開村史編さん委員会『八開村史』八開村、2000年
林董一監修『西尾張今昔写真集』樹林舎、2007年
林英夫編『図説 愛知県の歴史』河出書房新社、1987年
早瀬順三「蟹江地方の郷土食」『蟹江町歴史民俗資料館年報第四冊』蟹江町歴史民俗資料館、1983年
樋口好古『尾張徇行記』『名古屋叢書続編』四～八巻所収、1964～69年
彦坂登喜二『踏青夜話（やとみ昔ばなし）』1993年
日下英之『佐屋路』七賢出版、1994年
深田正韶『尾張志』上・下　愛知県郷土資料刊行会、1979年
松平君山『張州府志』愛知県郷土資料刊行会、1974年
三鬼清一郎編『愛知県の歴史』山川出版社、2001年
美和町史編さん委員会編、『美和町史』1982年
弥富町誌編さん委員会『弥富町誌　資料編1』弥富市教育委員会、1991年
弥富市教育委員会『遊森津記』弥富市、2016年
弥富市教育委員会『やとみものしりブック』弥富市、2016年
弥富文学研究会『やとみ文学散歩』弥富町、2000年
山田慶春『改訂増補　蟹江史譚』歴史研究会、1932年
『寛文村々覚書』『名古屋叢書続編』四～八巻所収、1964～66年
『佐屋路分間延絵図』東京美術、1981年

おわりに

宮を離れて、佐屋までの旅はいかがでしたでしょうか？

「へぇ〜、こんなところがあるんだぁ〜」

「あのお寺ってそんなお寺だったんだぁ」

普段何気なくみている光景、見慣れた景色を再発見することができたのではないでしょうか。

佐屋路や津島街道は本当に見どころ満載です。

確かに、本書を通して知識を蓄えるのもありですが、ぜひ現地を散策されることをおすすめします。

今回成稿するにあたり、愛西市教育委員会の猪飼隆善氏、あま市の美和歴史民俗資料館の近藤博氏、渡邉彩希氏、あま市七宝焼アートヴィレッジの内山智美氏、津島市教育委員会佐藤路子氏、名古屋市博物館の津田卓子氏、羽柴亜弥氏、弥富市歴史民俗資料館の嶋野恵里佳氏、蟹江町歴史民俗資料館の大野麻子氏、花井昂大氏、大治町教育委員会の森川紀子氏、櫻田純子氏らには、各地域における情報提供や協力を賜りました。美和歴史民俗資料館の渡邉彩希氏には図版作成においてご尽力賜りました。感謝の念に絶えません。

また各地の教育委員会や資料館、文化財保持者や保持団体の方々、地域の歴史愛好者の方々からも多大なるご協力を賜りました。

中でも名古屋市博物館の武藤真氏には格別なるご指導ならびにご教示を賜りました。本書は氏のご協力なくしては成し得なかったと言っても過言ではありません。

本書が刊行に辿りつくことができたのも、最後まで根気よくお付き合いいただいた風媒社編集部の林桂吾さんのおかげであります。

心より感謝申し上げます。

このように多くの方々のご協力を得て本書は成立しました。関係者全員でつくりあげた作品を上梓できることはまさに望外の喜びであります。

最後に、関係者の汗と涙の結晶ともいうべき本書をぜひ手にとって、多くの方々に佐屋路や津島街道を楽しんでいただくことを念じて擱筆したいと思います。

石田泰弘

二〇一九年吉日

[編著者紹介]
石田泰弘（いしだ・やすひろ）
1964年、愛知県生まれ。中央大学文学部史学科卒業。
愛知学院大学大学院文学研究科博士前期課程修了。
愛西市佐織公民館長。
著書　『関東近世村落史の研究』（共著）、『佐織町史』『江南市史』『新編三好町誌』『愛知県史』等分担執筆。
論文　「織田信長出生考」（『郷土文化』47-1、1992年）、「近世庶民文芸にみえる観光地の様相」（岸野俊彦編『「膝栗毛」文芸と尾張藩社会』所収、1999年）

装幀／三矢千穂

東海の街道2　街道今昔《かいどうこんじゃく》　佐屋路《さやじ》をゆく

2019年5月30日　第1刷発行　（定価はカバーに表示してあります）

編著者　石田 泰弘
発行者　山口 章

発行所　名古屋市中区大須1丁目16番29号　電話 052-218-7808　FAX052-218-7709　http://www.fubaisha.com/　風媒社

乱丁・落丁本はお取り替えいたします。　＊印刷・製本／シナノパブリッシングプレス
ISBN978-4-8331-0184-4

日下英之 監修

街道今昔 美濃路をゆく

かつても今も伊吹山と共にある15里7宿の美濃路。大名や朝鮮通信使、象も通った街道の知られざる逸話や川と渡船の歴史を紐解く。古写真の今昔対照、一里塚・支線も紹介。街道ウオーキングを楽しむために！

一六〇〇円＋税

溝口常俊 編著

古地図で楽しむ尾張

地図から立ち上がる尾張の原風景と、その変遷のドラマを追ってみよう。地域ごとの大地の記録、古文書、古地図に描かれている情報を読み取り「みる・よむ・あるく」。過去から現在への時空の旅に誘う謎解き散歩。

一六〇〇円＋税

溝口常俊 編著

古地図で楽しむなごや今昔

絵図や地形図を頼りに街へ出てみよう。なぜ、ここにこれがあるのか？ 人の営み、風景の痕跡をたどると、積み重なる時の厚みが見えてくる。歴史探索の楽しさ溢れるビジュアルブック。

一七〇〇円＋税

松岡敬二 編著

古地図で楽しむ三河

地図から立ち上がる三河の原風景と、その変遷のドラマを追ってみよう。地域ごとの大地の記録や、古文書、古地図、古絵図に描かれている情報を読み取ることで、忘れがちであった過去から現在への時空の旅へ。

一六〇〇円＋税

本康宏史 編著

古地図で楽しむ金沢

江戸から近代へ—。地図が物語るユニークな歴史都市・金沢の知られざる貌を地元の地域研究者たちが読み解いた。金沢地域の近世・近代の歴史や文化について新しい知見を加えながら浮かび上がらせる今昔物語。

一六〇〇円＋税

加藤理文 編著

古地図で楽しむ駿河・遠江

古代の寺院、戦国武将の足跡、近世の城とまち、街道を行き交う人とモノ、災害の爪痕、戦争遺跡、懐かしの軽便鉄道…。今も昔も東西を結ぶ大動脈＝駿河・遠江地域の歴史を訪ねて地図さんぽ。

一六〇〇円＋税

中井均 編著

古地図で楽しむ近江

日本最大の淡水湖、琵琶湖を有し、さまざまな街道を通して東西文化の交錯点にもなってきた近江。その歴史・文化・地理を訪ねて、しばしタイムトリップ。〈近江〉の成り立ちが見えてくる1冊。

一六〇〇円＋税

文＝前田栄作　写真＝水野鉱造

増補版 尾張名所図会 絵解き散歩

目の前に立ち現れる江戸——。江戸時代のガイドブックを片手に町へ飛び出せ！ 絵図と現況を見比べながら、まちの賑わいに耳をすまし、人々の暮らし、幽玄な自然美の面影を探してみよう。

一六〇〇円＋税

松岡敬二 編著

三河国名所図絵 絵解き散歩

江戸の昔、人々はどんな景観を好み、楽しんだのか。かつての「名所」はいま、どうなっているのか？ 幕末の愛知県三河地方の名所・旧跡を紹介した地誌『三河国名所図絵』を紐解き、かつての面影を訪ねる。

一七〇〇円＋税